【中国人格读库】

国家新闻出版广电总局

培育和践行社会主义核心价值观主题出版重点出版物

徐锡麟传

高占祥 主编

郭丽娜 著

北京时代华文书局

图书在版编目（CIP）数据

徐锡麟传 / 郭丽娜著 . -- 北京 : 北京时代华文书局 , 2015.8（2022.3 重印）
（中国人格读库 / 高占祥主编）
ISBN 978-7-5699-0438-3

Ⅰ．①徐…　Ⅱ．①郭…　Ⅲ．①徐锡麟（1873～1907）一传记　Ⅳ．① K827=52

中国版本图书馆 CIP 数据核字（2015）第 174982 号

徐 锡 麟 传
Xu Xilin Zhuan

主　　编｜高占祥
著　　者｜郭丽娜

出 版 人｜陈　涛
责任编辑｜邢　楠
装帧设计｜程　慧　段文辉
责任印制｜訾　敬

出版发行｜北京时代华文书局 http://www.bjsdsj.com.cn
　　　　　北京市东城区安定门外大街 138 号皇城国际大厦 A 座 8 楼
　　　　　邮编：100011　电话：010-64267955　64267677
印　　刷｜三河市嵩川印刷有限公司　0316-3650395
　　　　　（如发现印装质量问题，请与印刷厂联系调换）

开　　本｜787mm×1092mm　1/16　印　张｜10.25　字　数｜97 千字
版　　次｜2016 年 1 月第 1 版　　印　次｜2022 年 3 月第 3 次印刷
书　　号｜ISBN 978-7-5699-0438-3
定　　价｜38.00 元

社会主义核心价值观与中国人格

周殿富

社会主义制度在中国已经建立了六十余年，而我们党则在本世纪初叶提出了培育弘扬社会主义核心价值观的重大课题，显然是其来有自。

社会主义的道德风尚在新中国蔚然兴起，曾经那样地风靡于二十世纪中叶。邓小平同志曾经在改革开放中讲过，当年"这种风气不仅是中国历史上从来没有过的，而且受到了世界人民的赞誉"。然而可惜的是，这个在社会主义制度建立与实践中，同步兴起的社会主义道德风尚的成长道路，却是一波四折。半个多世纪以来，它先是与共和国一道遭受了十年"文革"的浩劫；接着便是全党工作重心转移到改革开放进程中，欧风美雨"里出外进"的浸洗濡染；再接着是西方"和平演变"在东欧得手的强烈震荡与冲击；最后又是市场经济中那两只"看不见的手"在搅动着、嬗变着人们的价值取向。至少在国民中出现了价值观上的多层次化，传统美德的弱化，社会道德文明水准的退化，光荣革命传统的淡化，这也许正是中央在本世纪初提出社会主义核心价值观的原因吧。

不管怎么"变"，怎么"化"，当我们回首来时路，却不能不说，中华民族真的很强大，很值得骄傲。人类经历了几千年的文明进程，堪称世界文化之源的"五大文明古国"，其他四大古国文明都已被历史淘汰灭亡，只有中国成了唯一的延续存在。近现代即使那般的积贫积弱，被西方列强豆剖瓜分、弱肉强食，想亡我中华都不可能，就连最强大的美帝国主义，最凶残的日本军国主义都成为我们的手下败将，而且打出了一个新中国，且跨过整整一个历史阶段，直接进入了社会主义。西方敌对势力几十年不遗余力地对新中国百般围剿，"冷战""热战""和平演变"手段用尽，连如此强大的前苏联乃至整个苏东阵营都被瓦解了，而社会主义的旗帜仍旧在960万平方公里的土地上高高飘扬，而且昂首挺胸地屹立在世界的东方，中国真的是太强大了。几十年来的瞩目成就，竟然令西方发出了"中国威胁论"。你管他别有用心也好，言过其实也好，总比让别人说我们是"瓷器"，是"东亚病夫"好吧？1840~1949年的一百零九年间，中国尽受别人的欺负、"威胁"了，我们也能让那些昔日列强有点"威胁感"，又有什么不好？更何况这是他们自己说的啊！我们并没吹嘘，也没有去做。几千年来我们侵略过谁呢？"反战""非攻""兼相爱，交相利"，中国古有墨子，近有周恩来、邓小平同志。这也是中华民族固有传统美德的延续吧！

生于忧患，死于安乐，这也当是中华民族的一个传统美德吧？几十年来尽管中国如此繁荣兴旺，但从邓小平生前一直到党的"十八大"以来，无论哪一届中央领导集体，从来都没有忘记过国之忧患。忧在何处，患在何处呢？

二十世纪八十年代末，邓小平同志曾经在半年的时间内四次提到：中国改革开放十年最大的失误在教育，在"对青年的政治思想教育抓得不够""对人民的教育不够"，足见他的痛心疾首。他晚年时又提到了"国格"与"人格"的问题，讲道："谈到人格，但不要忘记还有一个国格。特别是像我们这样第三世界的发展中国家，没有民族自尊心，不珍惜自己民族的独立，国家是立不起来的。"

（精装版《邓小平文选》第3卷331页。）

人们很少注意到邓小平的这一段话，但邓小平恰恰是在这里把"国格""人格"提升到了事关"立国"的高度。

那么，什么是我们社会主义的"国格"呢？邓小平讲得很明白："民族自尊心""民族的独立"。

新中国一路走来，我们最大的尊严便是完全靠"自力"，靠"艰苦奋斗"，而达"更生"之境。对西方敌对势力的"冷战""热战""和平演变"，我们何曾有过屈服？也正是在这一前提下，我们才有真正的"民族独立"。这就是我们的国格。那么什么是我们中国人的人格呢？邓小平同志在这里没有讲，但他在1978年4月22日召开的全国教育工作会议上的讲话中，在讲到我们的教育培养目标时，至少提到与社会主义人格相关的各个方面：革命的理想，共产主义的品德，勤奋学习，严守纪律，艰苦奋斗，努力上进，爱祖国，爱人民，爱劳动，爱科学，爱护公共财产，助人为乐，英勇对敌，集体主义精神，专心致志地为人民工作，等等。这里的哪一条不属于社会主义人格的范畴呢？

2006年党的十六届三中全会，第一次提出了"建设社会主义核心价值体系"的历史性命题和战略任务。2007

年，胡锦涛同志在"6·25"讲话中又具体提出这个"体系"包括四个方面的内容：①马克思主义的指导思想；②中国特色社会主义共同理想；③以爱国主义为核心的民族精神和以改革创新为核心的时代精神；④社会主义荣辱观。这四个方面，一是信仰，二是理想，三是精神，四是道德文明，哪一个不在社会主义人格的范畴之内呢？党的十七届六中全会又提到了社会主义核心价值体系是"兴国之魂"。

2012年11月，在党的"十八大"上又用"三个倡导"把社会主义核心价值观概括为十二项：①倡导富强、民主、文明、和谐；②倡导自由、平等、公正、法制；③倡导爱国、敬业、诚信、友善。而且中办文件又把这"三个倡导"分为三个层面：第一个"倡导"的四项，是国家层面的价值目标；第二个"倡导"的四项，是社会层面的价值取向；第三个"倡导"的四项，是公民个人层面的价值准则。实际上前两个"倡导"的八项都是属于"国格"范畴，而第三个"倡导"是属于"人格"范畴。

那么，我们怎样才能在前面讲到的那些历史嬗变中培育建构起这个"核心价值观"呢？中共中央政治局的第十三次集体学习，似乎很明确地回答了这个问题。

新华社北京2014年2月25日电讯称：中央政治局在2月24日，以弘扬社会主义核心价值观，弘扬中华传统美德为内容，进行了集体学习，习近平总书记在主持学习时强调：

　　培育和弘扬社会主义核心价值观必须立足中华优秀传统文化。牢固的核心价值观，都有其固有的根本。抛弃传统、丢掉根本，就等于割断了自己的精神命脉。博大精深的中国优秀传统文化是我们在世界文化激荡中落稳脚跟的根基。中华文化源远流长，积淀着中华民族最深层的精神追求，代表着中华民族独特的精神标识，为中华民族生生不息、发展壮大提供了丰厚滋养。中华传统美德是中华文化精髓，蕴含着丰富的思想道德资源。不忘本来才能开辟未来，善于继承才能更好创新。对历史文化特别是先人传承下来的价值理念和道德规范，要坚持古为今用、推陈出新，有鉴别地加以对待，有扬弃地予以继承，努力用中华民族创造的一切精神财富来以文化人，以文育人。

　　习近平总书记的这段论述相当精辟，对于如何培育建构社会主义核心价值观问题从四个方面剀切明白。

第一，他明确指出要在中华优秀传统文化的基础上，来构造我们的社会主义核心价值观，而不能割断历史。这一条十分重要，否则我们便会失去我们的本来面目，便会成为无源之水，也就无法走向未来。

第二，指出了中华传统美德是中华文化精髓，蕴含着丰富的思想道德资源。这就为我们揭示了社会主义核心价值观，要以弘扬优秀的中华传统美德为基础。

第三，他指出，对传统文化在扬弃中继承，在继承中创新。这就是说，社会主义核心价值观的内涵，既要有优良传统的文化精神，也要有时代精神，是二者的有机结合。

第四，他指出要用中华民族创造的一切精神财富，来化人育人。这就是说，弘扬中华民族文化，并不只是传承儒学那些道统，而是要弘扬全民族共创的优秀传统文化。同时也就是说，培育、弘扬社会主义核心价值观的根本目的是化民、育人。

尤其值得瞩目的是，习近平总书记在这次讲话中提到了一个"中华民族独特的精神标识"问题，而在同年的全国组织部长会议上又提出我们再也不能以GDP论英雄的思想。让人欣慰的是，思想道德文化建设终于被提升到一个民族的标识地位，这至少表明中国人的思想观念，并不落伍于世界潮流。

并不受人欢迎的亨廷顿生前给他的祖国提出的警示忠告，竟是如何弘扬他们没有多少历史和文化的"传统文化"："盎格鲁新教精神——美国梦"，以此为国家的"文化核心"问题。他讲道："在一个世界各国人民都以文化来界定自己的时代，一个没有文化核心而仅仅以政治信条来界定自己的社会，哪有立足之地？"所以，他提醒他无限忠于的祖国，一定要巩固发扬他们自入居北美以来，在新教精神基础上形成的"美国梦"理念的"文化核心"地位，这样才能消解这个国家的民族与文化双重多元化的危机。为此，他甚至预言美国弄不好会在本世纪中叶发生分裂。而且他公开预言不列颠大英帝国也会因民族与文化多元化的问题，导致在本世纪上半期发生分裂。

西方的一些专家学者们也十分强调国家民族文化的地位问题，柏克说："全世界的人根据文化上的界限来区分自己。"丹尼尔同样说："保守地说，真理的中心在于，对一个社会的成功起决定作用的是文化，而不是政治。开明地说，真理的中心在于，政治可以改变文化，使文化免于沉沦。"这些语言也可能有它们的局限性与某种非唯物性，但至少可以让我们看到那些发达的资本主义国家在想什么，至少与马克思主义经典作家们，关于意识形态并不总是消极被动地接受它的经济基础的论断并不相悖。

中国显然具有世界上最悠久的民族文化，同时显然也拥有世界上最强大的政治优势。新中国包括它直接进入社会主义的经济形态，以及其后的一次次经济变革，哪一次不是靠政治力量在强力推动呢？它当然同样拥有让我们几千年的民族文化"免于沉沦"的能力。有学人认为我们的民族文化早就被以往一次次的历史性灾难割裂了，这个看法显然都是毫无道理的。但我们当下却确实面临着"两个传统"失传失统的危险。中国的传统文化与优秀的民族美德，在当代国民中还有多少传承？老一代中国共产党人用生命与鲜血铸就的光荣革命传统，在党内还有多少"光大"？我们现在全民族的"核心文化"到底在何处？"社会主义核心价值观"的提出不仅符合世界潮流，也是使我们优秀的民族文化得以传承而不发生历史断裂的根本保证。富和强永远都不是一个民族的标志，哪个国家不可以富，不可以强？但能代表中国"这一个"本来面目，具有自己民族特色的，唯有中华民族的文化，能代表中国人形象的只有中国独具的道德人格。什么是人格？人格就是原始戏剧中不同角色的本来面目。

综上所述，我们是不是可以这样认为，社会主义核心价值观应内含如下的成分：中华民族传统文化中的优秀传统美德；中国人民近现代反帝反侵略反封建的爱国主义、斗争精神与中国共产党领导下形成的几十年光荣革命传统；中国化了的马克思主义有中国特色社会主义的共同理想；与"中国梦"远大目标相适应的时代精神。由这些内涵构成的社会主义核心价值观，用它来干什么呢？用习近平总书记的话来说就是"化人""育人"，把它再具体化一下，无非是打造能体现中华民族特色，代表中国形象的国格、人格。在思想道德层面上，一个国家的民族精神也只有在人的身上才能体现，所以我们依据社会主义核心价值观的基本要求，针对当代青少年的实际情况，策划了《中国人格读库》这样一套大型系列选题。

本套书承蒙全国少工委、中华文化促进会、团中央中国青年网三家共同主办推广，并积极提供书稿。难得高占祥老前辈热情出任该套书的编委主任，且高占祥同志不辞屈就加盟主创作者队伍。一些大学、中学教师与青年作者也积极加盟此套书的编写。该选题被国家新闻广电出版总局列为2014年全国社会主义核心价值观重点选题，在此一并鸣谢。

希望本套书的出版能为社会主义核心价值观的培育与弘扬，为促进青少年的道德人格养成起到积极的作用。欢迎广大读者与作家对不足之处批评教正，多提宝贵建议与指导意见。

谨以此代出版前言并序。

二〇一四年十月

于北京时代华文书局

引言

在绍兴一条不知名的小河旁边，坐落着一座寻常的宅子，黑色的瓦片，白色的墙面，古宅的规模足以让人了解到当时这户人家的显赫和富裕。而和其他宅邸不一样的是，在这里曾经诞生和成长过一个伟大的爱国志士，他用自己的血肉警醒世人，他的一生都贡献给了革命事业和启蒙国人。他用自己的生命点燃了人们对自由和新生的向往，他用自己的不畏强暴和自己的人格精神换取孙中山先生最崇高的评价——"丹心一点祭余肉，白骨三年死后香"。

这个人就是清末资产阶级革命派的重要领袖，近代著名革命家——徐锡麟。

徐锡麟（1873—1907），字伯荪，在光复会中他给自己取了个别号——光汉子，浙江绍兴人，他是上海光复会在安徽和绍兴地区的主要行动领导人。吴越地区从来都是"报仇雪恨之乡，非藏污纳垢之地"，而出生在绍兴的徐锡麟也深受这片土地传统精神的浸濡。但是事实上，他对清朝一开始却是抱着支持的态度，一直坚信清朝的维新会为民众带来一个全新的社会，直到清朝政府屈服于一次次西方列强的枪炮，签下一份份不平等的丧权辱国的条约，残害一个个为拯救祖国而到处奔走的爱国志士，他才对清政府感到绝望，并决心用自己的生命去灌溉革命的花枝。

说起徐锡麟，大家似乎都会想到和他的短暂人生密切相关的一个人，她就是鉴湖女侠秋瑾。秋瑾作为近代女性解放和思想进步的楷模，她的光芒掩盖了许多和她一起共事的革命志士，其中最重要的一个便是徐锡麟。秋瑾生性豪爽，疾恶如仇，敢言他人不敢言，敢行他人不敢行，她的性格和生性谨慎的徐锡麟简直大相径庭，但是两个人却都对国家有着深沉的爱，有着同样的革命思想，都崇敬古代劫富济贫的侠义之士，他们因此成为革命好友和人生知己，秋瑾在听说徐锡麟的死讯后也慷慨赴死。

鲁迅的《药》就是在秋瑾和徐锡麟壮士的英勇就义之后，以他们两个为原型创作的。书中华小栓和夏瑜的死，真真切切地反映了清末民众的封建迷信和愚昧无知，以及对革命、对革命志士的不理解。华小栓一家对革命志士的态度也是那个时候民众对革命志士的态度，他们认为革命与他们毫无瓜葛，大批的革命志士为了默不作声的民众死去，而民众却只是在一个个刑场麻木地观看，被面目凶残的清朝官员恫吓得不敢发出声响，这样的社会让多少奋斗的革命志士寒了心。在这样的现实面前，在甲午战争之后清朝的一步步让步下，中华民族岌岌可危。在民族危急的时刻，徐锡麟用自己的鲜血泼醒愚昧昏庸的世人，用自己的行动反抗大厦将倾的清朝，他要用自己的行为告诉世人什么是真正的革命者，唤醒世人。

事实上，他做到了。

徐锡麟领导的起义虽然失败，但正是因为他的英勇不屈，给了之后许许多多的为革命事业抛头颅洒热血的革命志士以力量，让他们前赴后继地参与到革命斗争中去。

他自己看到了拯救中国的曙光，希望拯救思想和身体孱弱的国人，将只会把钢刀架在中国人脖子上的清政府铲除，这是他的使命和信仰。当有的人被清政府的残暴和恫吓所止住了脚步，正是他，就好像是高尔基小说中的主人公丹柯一样，决心为了世人的幸福，挖出自己的心，用自己的心照亮这个世界，带他们走出这片黑暗。所有黑暗动乱的年代都会出现这样的勇士，为拯救人民于水火之中而奋斗，而徐锡麟就是当时人们心中的勇士。

徐锡麟的牺牲加速了革命的进程，是他，鼓舞了一切为革命赴死的革命志士，在他精神的感召下，革命者又发动了一次次的起义，最终取得了辛亥革命的胜利。

慷慨告天下，灭虏志无渝。

长啸赴东市，剖心奚足辞！

柳亚子诗中描写的徐锡麟，是1907年在安庆从容就义的徐锡麟，柳亚子将徐锡麟英勇无畏的英雄气概尽数付于笔下，徐锡麟的人格精神也使1907年这一年成为了历史熠熠生辉的一个瞬间。

他的人生虽然短暂，但是并不平凡，他用短短的一生让自己的名字永远镌刻在人民的心上，徐锡麟的爱国主义精神和不畏强暴的精神将永留人间。

目录

徐锡麟

一、放弃维新，为革命事业奋斗

1895年，甲午中日战争以清政府丧权辱国的《马关条约》结束。整个国家震惊于日本军队在旅顺犯下的暴行，震怒于清朝政府的懦弱和妥协。中国赔款两亿三千万两白银，清政府国库空虚，社会民众生活困苦，他们几乎要变卖自己的儿女以求果腹，到处都是哀鸣与痛苦，到处都是黑暗与冰冷，这对徐锡麟的思想也产生了重大影响。

徐锡麟出生在浙江绍兴一个民风淳朴的小村子里——东浦村，这个村子距离县城大约十里路，这里的居民大多以酿酒为生，当地人的勤劳和智慧使得绍兴黄酒经久不衰。绍兴是水乡，到处都是河流小溪，这里的人们依水而居，生活十分平和惬意。河边经常有一些集市，水中常常划过后来在鲁迅笔下经常出现的乌篷船，乌篷船里有人们所需要的新鲜蔬菜和水果，还有各式各样的生活必需品，河面上经常会传来响亮而亲切的绍兴口语的叫卖声。人们在这里采买，同时在这里谈论这个村子近来又发生了什么有趣好玩的事情，哪个宅子里又添了小娃娃，哪家又新娶了新娘等等琐事，这条河也成了这个古朴小镇最热闹的地带。而徐锡麟就生长于这样一个民风淳朴、安定祥和的小镇上。

1873年，徐锡麟出生于一个人口众多的士绅之家，他是家中的主母严氏所出，不仅是这个家里的长子，还是家中的嫡子，他的父亲徐凤鸣还有一个侍妾顾氏，之后徐锡麟先后有六个弟弟和四个妹妹。

徐锡麟的祖父徐桐轩，原先是个寒士，生活很节俭，夜里读书点灯，也舍不得点两根灯草。但是后来他刻苦努力地读书，有了渊博学识，又因为机遇当了师爷，家境才好转。徐锡麟祖父徐桐轩以游幕所得的俸禄，在东浦镇上一位朱姓人家手中购买了一座坐北朝南的具有水乡特色的民居，徐锡麟的家族一直生活在那里。

徐锡麟的父亲徐凤鸣，是徐桐轩的独子，只有个姐姐，嫁给了沈家。徐凤鸣也读过书，但未中过秀才，只当过县吏，当地人都称他为"师爷"。他为人谨慎俭朴，因经商得法，家境渐趋富裕，在绍兴城内开了全禄昌南货店、天生绸庄以及泰生烛铺，另置田产数百亩，资产数万元，成为东浦镇上颇有名望的士绅之家。他的家境富裕，家族也很庞大，甚至到了需要敲钟成为吃饭信号这种"钟鸣鼎食"的状态，徐凤鸣很喜欢一大家子人聚在一起的温馨感，所以他常常自己敲钟聚集家人。徐凤鸣后来把绍兴东浦的祖屋扩建得很大，徐家宅子总体布局三开三进，由门屋、大厅、座楼和藏书楼、桐映书屋等组成，砖木结构，粉墙黛瓦，正厅叫"贻经堂"，大门被人叫作高踏道台门。

徐锡麟小时候对任何事物都表现出了极大的好奇心，想要探索这些奇怪的器物是如何组成，如何运作的，因此很多东西到了他的手里就会被拆得七零八落。他父亲对这个长子要求很严格，也因为这个孩子的聪明而疼爱有加。

有些人说他父亲一直憎恶他，并不尽然。憎恶之说，主要是因徐凤鸣"控子"一案，但事实上"控子"一案却是徐凤鸣为了避免株连保护家人而设计出来的金蝉脱壳之计。

后来，当徐锡麟在安庆遇难的消息传到家乡之后，徐家陷入了一片恐慌之中，他们每天都在担心自己是否会被清政府官吏无情地带走，接受他们从小就听老一辈人诉说的残忍酷刑，唯恐遭到灭九族之祸。徐凤鸣将这一切看在眼里，虽然此刻的他刚刚失去自己最疼爱的孩子，但是他作为徐家的主事人，却不能倒下。他找到他旧时认识的府县官吏，忍住失去孩子的悲痛，在一张旧纸上写下控告徐锡麟"忤逆不孝"，并申明他们从此以后断绝父子关系。他将纸上的签署日期写在了徐锡麟去安庆之前，并买通衙门官吏把它插入旧档案中，作为已立案之卷。等到皖案爆发，绍兴知府贵福派了大船到东浦去抄家捉人，徐凤鸣也被捕去，东浦的地保等人乘机抢去徐家财物。在审问中，徐凤鸣向知府申辩说自己早已与徐锡麟断绝了父子关系，有案可稽。府衙一查，果然在旧卷中找到"控子"的案卷，所以徐凤鸣几天后便被无罪释放了。徐凤鸣一回到东浦，立即控告本地地保趁火打劫之罪，将这些地保绳之以法。而章太炎、陶成章诸公写徐锡麟传记时，尚未光复，即使知道徐凤鸣这段故事，却也不能明说，只能顺着他的话将他的"罪名"坐实，将徐家与徐锡麟的关系撇得干干净净，以免官府再去追究真相，使徐锡麟一家受到株连，这也是革命党人保护徐家的方法之一。

徐锡麟读书心无旁骛，专心致志。徐锡麟的祖母易老太太十分心疼这个孙儿，有一次看孙儿读书刻苦，怕他累着，特地从房间里拿了几个苹果放在徐锡麟的书桌前，但是过了很长时间之后，当易老太太又来看望自己的孙儿的时候，发现那几个苹果仍然摆在原来的位置，连动也不曾动过，后来询问的时候才知道徐锡麟根本就没有发现祖母在他的桌子上放了苹果。

又有一次，东浦来了一群跳活无常的人，他们穿着奇装怪服，热热闹闹路过徐家大门。徐家的大人和小孩们听到震耳欲聋的声音都被吸引过去，只有徐锡麟不为所动，仍然端坐在书桌前面，遨游在知识的海洋里，根本不在乎外面发生了什么事情。这样的热闹，大人都止不住自己好奇的心理，小孩更是因为年纪小，尤其喜欢没见过的奇怪事物，但是徐锡麟却不为所动，可见他的用功刻苦和自律。

由于他的天分和刻苦读书，所以每每考试写文章，他都比同学堂的学生们高出一筹，同乡的老师们都想要把他纳入自己的门下。由于徐锡麟的天资聪颖以及士绅们对他的器重，徐凤鸣也渐渐觉得自己的这个儿子应该走仕途，光宗耀祖的，所以自从徐锡麟入家塾桐映书屋读书，他就亲自担当儿子的启蒙老师，不想假手他人，他亲自教儿子如何读书，怎样做人，一心期盼着他有一天为徐家增光，成为人上人。

　　他曾经询问儿子："什么是大人？"徐锡麟低头沉思了片刻，抬头，目光炯炯地告诉父亲："大人，应当是为大家做事的人。"

　　此时的徐锡麟虽然年纪小，但是已经懂得用自己的力量帮助别人，明白读书人是要为百姓谋幸福的。他从来不拘泥于父亲教他做人做官的道理，总是能从他父亲教他的知识中汲取自己所需要的部分，变成他自己的修养和为人处世的准则。他有自己的主见，不会被父亲教授的知识所左右，不会被传统的四书五经所左右，自然也不会被那个大多数人人都在苟延残喘，愚昧无知，行尸走肉地活着的时代所左右。

　　徐锡麟记忆力很好，很小能够背诵《千字文》和《三字经》，十四五岁就通读四书和五经，还可以写出很好的八股文和一手好看的毛笔字。他就是个宠儿，生活在这么好的环境之下，又拥有这么天才的头脑。他不仅仅对中国古代经学着迷，还对天文、历史、地理产生了浓厚的兴趣，并且用自己一双巧手做出了许多稀奇古怪的东西，比如望远镜，浑天仪等。

夏日里，他经常站在卧室的窗口前，透过小小的窗户，用自制的望远镜观察天象星辰，以巩固书本上学到的知识。他自己亲手制作了地球仪和地图，不仅如此，因为他对天象的热爱，他还做了一个硕大的精致的浑天仪。每当家人夜晚在天井纳凉的时候，他就在自家楼上的房间里透过小窗观察天象，他把星星的位置记录下来，根据自己所学的知识和他观察到的天象，再加上他的理解，把星星的位置在浑天仪上标记下来。这个东西成了他的宝贝，当他在浑天仪上把所有的天象标记下来之后，由于浑天仪过于庞大，根本不可能从楼梯上拿下来，于是他就把两扇窗子拆了下来，从窗口把浑天仪运下来，放在客厅里。

徐锡麟精通算术和天文，在学习的过程中深感这些学科的神奇，也渐渐感到这个世界的规律，宇宙的浩大以及人类的渺小。他渐渐认为他的小小生命如果能够帮助更多的人，能够在宇宙中引起一丝波澜，如果能够活得有价值，那么生命长短都是无所谓的，毕竟宇宙无尽，历史无穷，恐怕此时他心中早已种下了一颗种子，若有朝一日可以实现个人价值，为大众谋幸福，自己也不惜杀身成仁了。

生活在书香门第的他，并不像其他书生一样只知道将自己困在书房里，沉浸在四书五经的世界里。他在课余之时 尤其喜欢去做一些课余活动。他在走廊里蹦蹦跳跳，有时跳跃凳子，有时爬爬杆，有时做做体操，为了强身健体，让肌肉和神经得到锻炼。不仅如此，出于对武术的热爱，徐锡麟甚至还在腿上缠上铜钱和沙包，然后跑步以锻炼腿部力量，经常手举哑铃以锻炼手臂力量，他还到离家不远的田野上跑步，来锻炼自己的耐力。据东浦老人传说，他有时深夜归来，害怕敲门打扰到家人的安睡，就用乌篷船竹篙一撑，跃上窗台，打开窗户，进入自己的卧室。

显然，在一群读书人当中，他是寂寞的，或许他被很多同学堂的同学们用异样的眼光看待过，甚至鄙视过，认为他的举动就像是他们家里帮工的农民的儿子，但是他不在乎别人的眼光，也不在乎别人怎么想，他有强大的信念支撑着自己走下去，支撑着他完成自己的使命和梦想。

娄口桥头住着贫农平长有，常在徐家做帮工，他的弟弟平长生，年龄与徐锡麟相仿佛，两人常在一起玩，一起看社戏，一起讲太平天国的故事。

故事里太平天国的领袖洪秀全简直就成了神的化身，他劫富济贫，帮助穷苦大众，徐锡麟听着老人讲起这些故事时满是敬佩的神情，把洪秀全当做穷苦百姓的救世主，暗暗把洪秀全放在心中，当做自己的偶像。

徐锡麟十二岁时，一次，他和平长生看到一个和尚，芒鞋藜杖，在村中走动，长生便说："你瞧那和尚，一定是有本领的，独个儿深夜行走也没人敢欺侮他，说不定还会飞檐走壁哩！"徐锡麟也曾听说过少林寺和尚武艺高强，他竟去追那和尚，想要拜他为师，一直向杭州方向追去。家里到了晚上才发觉，一问长生知道已走了好久，只得派人星夜去寻，直寻到萧山地界才把他寻了回来。后来长生长大后，也受了徐锡麟的影响，把辫子剪掉了。得知徐锡麟就义后，长生哭得十分伤心。

　　徐锡麟幼时就表现出了不被这个时代所拘束，为了自己心中的信念敢于冒险的精神，当时他十二岁就只身一人出发到钱塘一带学习武艺，十二岁时他就崇拜太平天国的英雄们，他也始终相信只有自己强大才不会被人欺负，才能保护自己想保护的人。他的生活如此无忧无虑，精神世界又常常有书陪伴，并且还有当地最优秀的老师教导，除了他对武功的热爱又是什么让他想要学习武艺保护别人呢，我们有理由相信徐锡麟天性是一个善良的人，他早熟且早慧，虽然自己的生活美满，但是他经常接触那些贫苦的人家，认为太平天国的英雄们为了穷苦百姓而奋斗，他也要和他们一样拯救百姓于水火之中，他始终都在为着贫苦百姓做斗争，并且寻找着能够解救他们的方法，从未停歇。小时候他渴望学习武艺，成为像洪秀全一样的大英雄来解救他们，长大后，他领悟到一个人的力量是有限的，只有与志同道合的同志革命才能推翻清朝统治，才能救黎民于水火之中。但是他的想法始终未变，他始终相信只有武装力量才能推翻黑暗的统治，这也是以后他领导光复会的核心思想，他认为只有军队和流血的革命才能真正保护百姓，解放百姓。一个十二岁的男生喜欢武艺自然正常，但是也不难看出他对劫富济贫的侠士的崇敬，这也是为什么他后来和"鉴湖女侠"秋瑾的关系密切。

这次短暂的出走并没有被他的家人放在心上，他们误认为这只是一个小男孩叛逆的出逃。而在他的家人的苦苦追寻下，他也被家人发现踪迹寻回，这次短暂的"解救"百姓的活动对于他的家人而言就结束了，但是，对于不懈追求真理和公平的徐锡麟来说，这仅仅是个开始。

他年纪稍微大了一点以后，曾经学习过务农，他在昆山多次开垦田地种植一些东西，但是都没有成功。他深感农民的疾苦，并且亲身体会了他们的辛劳。车浦旁边有个小村叫赏祊，他经常到这里的田野跑步增强耐力，但是更多时候，他却是和他的朋友们一起到那里帮助农民们割稻，插秧，有一次，他因为帮助农民务农，直到深夜才回家，但是走到家门口的时候，发现整个大宅已无一点灯火，大门也是紧锁着的。他看到大门紧锁着，害怕敲门惊醒家中众人，于是连门都没有去敲一下，又跑回赏祊小村，在一家农民的家中睡觉，一大早起来也等不及到家中换身干净衣物，而是草草收拾了一下，又和农民们一起割稻去了。

当时有很多知识分子厌恶体力劳动，徐锡麟却反其道而行之，在那个年代，他的诸多举措让自己就像是一个叛逆少年，但是却是一个善良的叛逆少年。

徐家有百亩田地出租给佃农家，他作为徐家长子，自然以后是要继承家中的事业，所以他经常被父亲派去到佃户家里收租谷。每当他到佃户家里的时候，看到他们居住的潮湿阴冷的环境，看到他们身上破烂肮脏的衣服，看到他们一个个饿得瘦骨嶙峋，就不忍心再向他们讨要租谷。所以每当他到佃户家里的时候，都是这些一贯看尽地主丑恶嘴脸的佃户最开心最放松的日子。佃户听到的不是催促的逼迫的话，不是冷冰冰的逼债的话，而是徐锡麟温暖地和他们说："今天是我的祖母生日，租谷不用付了，给你们买寿面吃吧。"这只是一个年轻的少爷同情他们扯出来的拙劣的借口，或许他们每个人都明白这是"善意"的谎言，但却是他们在这个冰冷的时代感受到的某种莫大的温暖。他们对徐锡麟感激涕零，他们千恩万谢地将他送出村子，他们无以为报，或许送上了家里最好的地瓜和土豆作为答谢。他空手而来，却带着村民满满的谢意和感激离去，他摇着空船离开的时候一定是满载而归的。

徐锡麟还常去当铺门前徘徊，每见穷人来当衣时，他就拿出钱来周济他们，叫他们不要典当衣物。如果碰到衣不蔽体的乞丐，他常脱下自己的衣服施舍给他们。所以他出门时穿的好衣服，往往回来时就不见了。

他在家虽是大少爷，却无少爷架子，常夹杂在佣人中做清扫工作，吃穿都很随便，衣上口袋很多，人称八卦衣，袋里放着笔墨纸等物。他不爱多说话，喜怒不形于色。他天生就不是当商人的料，而是有拯救他人的能力和渴望，他是为了奋斗和革命而来。

有一次，他和陶成章一起去武陵，一天傍晚住在郭门外。傍晚，他和陶成章在河滩边散步交谈时，突然看到一个年龄不大的小孩投河，他赶忙跑过去将孩子救起来。询问缘故之后，才知道他是某个店的学徒，路上遗失了店主给他的银钱，他惊恐万分，四处找寻他遗失的银钱，但是却一无所获。他想到店主可能要求他赔偿这些银钱，但是他只是一个小学徒，根本付不起这么大一笔钱，而且即使赔上了，他的学徒也当不成了，而且还会被店主打骂。这样一想顿时万念俱灰，只想找个地方逃避这件事情，一看到旁边刚好是河，所以想着索性死了一了百了。徐锡麟安慰了他几句，知道了事情始末之后，把他带到了店主的店里，赔偿了学徒所失的银钱，又再三交代店主不要虐待这个学徒。学徒对他十分感激，但是他却连姓名都不留下就告别了。

1898年8月，徐锡麟在山阴时，曾经步行爬上龙山，路上偶然看到一个老妇人把绳子抛上树枝，正要寻短见的样子，徐锡麟马上冲上去将她救下来。询问了许久之后，老妇人才痛苦地说："家中欠了别人好多钱，根本无力偿还，只好寻了短见。"徐锡麟劝说了老妇人一番，询问了所欠数额，将自身带的钱给了老妇人，并仔细叮咛她将债务还清，不可再寻短见。老妇人感激涕零，千恩万谢，徐锡麟毫不在意，只是点点头告别了她。他常常慷慨解囊，丝毫没有因为家中从商而沾染斤斤计较的习气。

他疾恶如仇，但他对于邻里纠纷，却不意气用事，善于排难解纷。有一次，天生绸庄以及附近的南货店失火，两个店的店伙们忙着把各自的货品救出火场，匆忙间只能混乱地堆放在一起，南货店两个店员钻了其中的空子，他们趁着其他伙计都在抢救货物，于是顺手牵羊偷走了一些货物，待到火被扑灭，伙计们有了时间，开始整理货物的时候，却发现其中有些货物遗失了。他们怀疑南货店的店伙把绸庄的东西搬进南货店去，想趁火占便宜。绸庄的人要进他们店去找，南货店老板不答应，两方在争执之间起了冲突，南货店老板一怒之下指使店员教训一下绸庄的伙计。双方正闹得不可开交时，徐锡麟赶来，了解了事情的经过后挺身而出，说服双方："邻舍隔壁不可伤和气，还是各派代表都到对方去检查一下的好。"双方检查结果，发现实际上是南货店的伙计起了贪念拿了绸庄的东西。归还货物后，徐锡麟告诫双方老板说："混乱中拿错东西是难免的，打人可是不好的。"

徐锡麟认为暴力和流血是不好的事，反对为了细微利益进行的暴力对抗，并且有自己圆滑温和的处理方式。这也足以看出他最后思想转变和做出革命决定其中经历过多少思想斗争，足以看出民族大义在徐锡麟心中的重要地位，足以看出清政府的软弱无能、欺压百姓将善良的徐锡麟逼迫到何种境地。

1888年5月26日，对于徐锡麟来说是个不寻常的日子，这是他从一个男孩成为一个男人的重大日子。虽然长出了稀稀拉拉的胡子，穿着大人的长大褂，也不像一个大人，但是今天他要与家人为他安排的柯桥王培卿的长女王贞姑结婚。和同时代的其他人一样，这是传统婚姻，他在结婚之前也从未见过自己的新娘，但是他和他的新娘一生都十分恩爱。贞姑是徐锡麟生命中不寻常的一个女人，她深明大义，支持自己丈夫的革命事业，并且十分精明能干、将家里的大小事务处理得井井有条，徐锡麟在外奔波，致力于革命事业不归家时，是她努力安抚一家老小，有传统思想的严苛的祖父问她徐锡麟的动向时，贞姑回答说徐锡麟晚上曾回来过，只是一早又走了。她就是用这种方式默默保护着自己的丈夫，不使他被家中的长辈所厌弃。她的善解人意也是徐锡麟和她关系甚好，甚至带她去日本的一个原因。贞姑深受徐锡麟的影响，深切认为只有革命才能拯救国人，在后期也参与到徐锡麟的革命活动中，并与秋瑾成为了至交好友。后来贞姑改从徐姓，改名为振汉，意为振兴汉族。

　　1895年，此刻的徐锡麟22岁，已经中了秀才，人生似乎没有任何的烦恼和担忧，但是此时的清政府刚刚签下丧权辱国的《马关条约》。日本由于俄、德、法三国的干涉将辽东半岛退还给中国，但要求中国付给日本"酬报"白银三千万两。该条约是继《北京条约》以来侵略者强加给中国最刻毒的不平等条约，它通过损害中国的利益使日本得到巨大的发

《马关条约》签订场景

展。面对全国上下被战败蒙上的阴影，徐锡麟始终眉头紧锁，担忧不已。

每个人都为清政府的懦弱和无能感到震惊和羞辱，徐锡麟也不例外，他开始质疑这个王朝是否可以给他们带来真正的太平和安定，但是生在这个王朝下，从小受儒家教育的他此刻对这个王朝还抱着些许的希望，他对此刻在北京为着整个王朝的复兴寻找改革维新之路的官员和读书人抱着希望。

1898年6月，维新变法开始，整个国家似乎感受到了立宪带来的活力，徐锡麟的眉头也渐渐舒展开来。社会上开始创办新式学堂，设译书局，派留学生，他也十分想为光绪皇帝的维新事业做出自己的贡献，为整个国家做点什么，但是他什么都来不及做，这短暂如泡影的希望就破灭了。

9月28日，在北京菜市口谭嗣同、杨锐、刘光第、林旭、杨深秀、康广仁六人被杀害，徐致靖处以永远监禁，张荫桓被遣戍新疆。在维新期间提出的所有新政措施，除7月开办的京师大学堂外，全部都被废止。

徐锡麟深受康有为，梁启超的维新思想的影响，听到这个消息，在书房里几乎站不稳。此刻的他真正认识到这个国家的病已经深入到了骨髓，那些官员们为着自己的利益是不会接受立宪改革，整个王朝的体制不能帮助老百姓走出水深火热。但此刻的他没有任何方向，就好像迷失在森林里的一只鹿，找不到任何可以依附的力量。

谭嗣同

同年，他写了《中国改设学堂，教育人才，宜以何学为宗旨策》和《问罗马为意大利所踞，教皇权势已去，而中国教祸反剧，其故何在？》两篇文章。在《中国改设学堂，教育人才，宜以何学为宗旨策》中，他认为学堂之设，其旨有三，所以陶铸国民、造就人才，振兴实业。而国民不能自立，就必须要立学以教之，使他们有善良之德，忠爱之心，自养之技能，必需之知识。在学堂内设有政治、法律、理财、外交等科目，造就人才。设立农、工、商、矿等学科，来达到富国利民的目的，振兴中国的实业。而我们应该像日本一样注重尚武精神，在民间建立武装力量。教学生按照他们的天赋和国家的需求求学，而那些于时政无用的科目可以放松要求。他在《问罗马为意大利所据，教皇权势已去，而中国教祸反剧，其故何在》中写道："自中外互市以来，门户洞辟，中国之利源，日流于外域，中人之膏血，日耗于外洋。"他在文中残酷地面对并阐述了中国目前的现状："时至今日，内忧作矣，外患乘矣，人心动矣，社稷危矣。"他对清政府残忍杀害维新人士感到愤怒，他认为清政府的首要任务并不是杀害那些企图动摇封建帝制的爱国人士，而是那些企图动摇国之根本，残害国人，榨取中国利益的外国势力，他在文章中提出"保国之要，则在御患。"

　　此时徐锡麟已经开始显露出他在教育和政治上的天赋，他也渐渐在用自己的思想去分析国际和国内形势，而不是偏听偏信官方给出的信息和策略。

1899年徐锡麟写下《韩信登坛之对、诸葛亮草庐之谈、王朴平边之策论》一文："当今外患猖狂，日盛一日，俄横于北，其势负隅不可改也；德肆于东，其兵强劲不可敌也；英、法并峙于西南，一据缅甸，以窥永昌，一据越南、以临蒙自，有挟而求不可击也，"

他在文章中深恶痛绝地指出了中国此时正在被西方列强瓜分的现状，痛心疾首之情从字里行间表露出来。

1900年，徐锡麟27岁，此时风风火火的义和团反帝爱国运动正在达到高潮。

中日甲午战争后，帝国主义争相掠夺中国铁路、煤矿等经营权，并强占"租借地"、划分"势力范围"，企图通过经济和军事侵略彻底灭亡、瓜分中国，这激起中国人民的愤怒和强烈反抗。民间纷纷自行成立了许多武装力量，其中最为著名的就是义和团。

义和团源自山东、直隶一带的义和拳、梅花拳、大刀会等民间秘密结社。无统一组织，各设坛口或拳场，用练拳习武等方式团聚群众。1898年10月，义和拳首领赵三多树"助清灭洋"旗帜，在山东冠县率众起义，攻打教堂。之后，山东各地拳会及大刀会纷纷展开反教会侵略的斗争。次年下半年，义和拳等组织改称义和团，逐步扩展到华北、东北各省。义和团内的参加者主要是农民和手工业者。1900年5月27日，直隶义和团进占涿州城，开始由乡村向城市发展。北京、天津迅速成为运

支持变法的光绪皇帝

八国联军

动的中心。列强以清政府镇压不力，直接出兵干涉，于6月间组成八国联军侵华。义和团奋勇抗击，先后在廊坊和天津紫竹林、老龙头火车站等地同侵略军激战，沉重打击了帝国主义的气焰。

而徐锡麟得知义和团在北京附近和八国联军奋力激战，正在为国家利益驱赶外国侵略势力，也觉得自己应该加入义和团为守卫国家尽一份力。于是在这年夏天，他在东浦开始谋划发展团练，以壮大民间武装力量，响应义和团的爱国运动，但是最终没有实现。

可惜的是，义和团运动没有开展多久，由于外国势力对清政府的施压和清政府的软弱无能最终失败。

1900年6月21日，慈禧太后下令对各国"宣战"时，清朝官兵却没有丝毫动静，反而只有北京的义和团在被清政府利用围攻使馆区。由于清政府的不作为和缴械投降的策略，天津、北京相继失陷，慈禧太后仓皇西逃，途中发布对义和团"从严剿办"的命令。在中外反动势力残酷镇压下，义和团运动终遭失败，1901年清政府签订屈辱的《辛丑条约》。

原本打算加入义和团的计划破灭之后，徐锡麟就时刻关注着义和团的活动，他觉得民间反抗西方侵略力量的义和团简直是国家英雄，但是此刻听说义和团因为清政府的妥协和剿杀，抗击西方列强的活动失败，清政府又签订了丧权辱国的《辛丑条约》，哀痛万分。而义和团的大部队在遭到清政府的无情镇压后，彻底对清政府寒了心，余部认为此刻最主要的敌人是外国列强，但清政府也无甚用处，反而祸害整个国家，于是改"扶清灭洋"口号为"扫清灭洋"，继续斗争。

此时的徐锡麟也同义和团一样彻底对清政府寒了心，但是他不知道自己的方向在哪里，他不知道怎么做才能帮助这个受尽欺凌的国家。此刻唯一知道的，就是多年的学习将会带给他无尽的力量，他也始终相信只有教育才能彻底改变国人的思想，才能真正拯救这个国家。所以此刻他唯一能够做的，就是用他自己微薄的力量去坚持用那么多鲜血换来的新式学堂的教育事业。

1901年，资本主义洋务派保守官员登上了历史舞台，清政府为了挽救摇摇欲坠的统治，颁布了皇上的手谕，力求改革，认为教育是拯救国家的当务之急。于是学政成为清末新政的重头戏，各级各类学堂次第设立。同年，绍兴地政府为了响应号召，在绍兴府创办府学堂，这是绍兴府七个县的最高学府，也是绍兴地区最早的官办学堂。1901年9月，徐锡麟应何寿章的聘请，出任绍兴府学校经学兼算学讲师，他在这里教学，培养了许多革命干部，比如童杭时就是他的学生。知府熊起蟠十分器重徐锡麟的才华，于是把他招到自己的门下，经常询问他一些问题，并就某些大事宜询问他的意见，徐锡麟觉得自己的抱负可以施展，所以欣然答之，帮助知府处理很多事情，也因此可以展露他的才华。

《辛丑条约》签订情景

义和团员

由于从小接受的良好的儒家经学教育和自身对数学、天文的热爱，他在这方面有非常深厚的知识，并且他认识到新式教育对国家的重要性，几乎投入了他全部的心血。他的良好表现获得了当地知府的认可。此时在绍兴学府的徐锡麟已经积累了不少办学的经验，曾经同何寿章商议想要自己办一个学堂，并且恳请他若是真的创办，到时还一定请他多多帮忙。徐锡麟曾请何寿章写了一通呈文，拟以柯桥镇办学为例，在东浦开设学堂。他曾陪同何寿章到东浦吕祖殿斗坛及王城寺察勘，为越郡公学寻找校舍。

1903年，当地知府重用徐锡麟，并在不久后任命他为副监督。他在绍兴学校教习了四年，学生都因为他博学多才而对他多有敬佩，而且他还对中国局势有自己的理解和想法。学生们和他经常就时事进行讨论和思想交流，久而久之，他们就如家人一般亲厚，在教学期间徐锡麟也或多或少地将一些不成熟的革命思想传播给学生。

徐锡麟爱好西学，不久他就得到了一个可以走出国门去学习西方先进思想的机会。

1903年春，这是徐锡麟第一次踏出国门，被公派到日本参观大阪博览会。这一年中国发生了许多大事，而这些事也改变了徐锡麟的一生。

博览会上，各式各样新式的西方科技令徐锡麟叹为观止，他深刻认识到闭门锁国的中国与西方国家在军事和科技上的巨大差距。认识到中国要救亡图存就应该学习西方的先进科技，更加大力地发展教育，他在心中暗暗地告诉自己回国之后要在教育事业上下更多的工夫。但是当他走到中国馆的时候，却发现博览会上竟有中国古钟在展出，他看着这口本来是中国的古钟公然在其他国家展览，心中郁郁不平。他突然就想起不久之前的那次甲午中日战争，他甚至可以想到在那么多战士流血牺牲之后，清朝官员是如何面带微笑谄媚地签署战败协议，战战兢兢地答应所有的赔款要求，恭恭敬敬地将属于中国的财产和古物双手捧出送给日本。他站在那里，看着玻璃窗里展出的古钟，想着它被送出中国的原因，想着它如何漂洋过海到达这里，被欺压中国的日本人以或欣赏或嘲笑的眼光注视着，而身为中国人的他却只能这样想想什么都做不了，那些可以做些什么的清朝官员可能现在却关在屋子里想想如何巴结日本人，他这样思索，心里的绝望也越来越大，他觉得既然清朝不能保护百姓，保护自己的同胞，那么我就要尽我所有的力量去保护他们。他回来后写下一首五言律诗：

瞥眼顿心惊，分明古物存。

摩挲应有泪，寂寞竟无声！

在昔醒尘梦，如今听品评。

偶然一扪拭，隐作不平鸣。

中国馆也尽是三寸金莲、鸦片烟具等损害中国尊严的封建糟粕，徐锡麟感到列强欺中国太甚，也感到由于中国在军事和科技上落后日本而遭受的侮辱。在东京，徐锡麟结识了浙江革命党人陶成章、龚宝铨、钮永建等，在他们影响下，徐锡麟思想发生了巨大转变，逐渐放弃对清政府的希望，弃改良而从革命。

1903年，沙皇俄国背信弃义，不但拒不履行1902年《交收东三省条约》中分期撤兵的约定，反而进一步提出在东三省及内蒙古一带享有路政税权及其他领土主权的七条要求，强迫清政府接受。清政府被逼无奈，欲与沙皇俄国缔结《中俄密约》。1903年，《中俄密约》在天津英文报纸上被揭露，引发在东京的中国留日学生和国内各阶层的反对。7月19日，揭露密约的沈荩被逮捕，后被判斩立决，适逢慈禧万寿庆典，不宜公开杀人，遂改判立毙杖下。31日，沈荩被狱卒杖打二百余下，还有一口气，最后用绳勒死，沈荩被打得血肉横飞，但至死没有求饶。

听到这个消息之后，日本留学生群情激奋，自发组织了许多民间爱国团体，国内的爱国人士也纷纷响应，用自己的力量反对日本侵吞东三省。4月8日，中国留日女学生胡彬夏等在日本发起成立第一个爱国妇女团体"共爱会"。4月27日，上海各界人士在张园召开拒俄大会，通电反对沙俄新约。4月29日，留日学生组成拒俄义勇队。4月30日，京师大学堂"鸣钟上学"，

甲午战争中的日军

声讨沙俄侵略，慷慨拒俄。5月2日，留日学生组建激进的军国民教育会，即光复会的前身。

此时的徐锡麟在东京赶赴各个集会，听日本的爱国学生在集会上大谈国内形势和革命道理，渐渐认识到救国不能靠清政府，也不能靠康梁的改良主义。徐锡麟恸哭国弱受欺，于是投笔从戎，开始苦练枪法。

1903年"苏报案"震惊国内和日本留学界，听闻章太炎先生和邹容因言论获罪，日本留学生一时愤慨激昂，当时在东京的徐锡麟也听闻了这件事，并且加入到留学生队伍中为营救章太炎先生作努力。

1903年章太炎开始主笔《苏报》，章太炎自从戊戌变法侥幸逃命之后，毅然割掉辫子，放弃维新拯救清王朝的想法，转而投入反清。而章太炎有比一般人更强烈的激进思想，他不仅痛斥清兵入关时的烧杀抢掠，痛斥清朝驻防各地的八旗军的胡作非为，痛斥清政府屡兴文字狱和大肆搜毁图书，痛斥清朝官场卖官鬻爵、贪腐成风等等，还特别强调反动的清政府与人民利益之根本的不同。他对清朝的不满使得在《苏报》中随处可见一篇篇直指清朝要害、言辞激烈、论证有力的文章，甚至在文章中，章太炎连清朝的当权者慈禧太后也不放在眼里，他公然对慈禧太后奢华铺张的寿典进行了无情地冷嘲热讽：

今日到南苑，明日到北海，何时再到古长安？叹黎民膏血

光复会会员合影

全枯，只为一人歌庆有；

五十割琉球，六十割台湾，而今又割东三省，痛赤县邦圻
益蹙，全逢万岁祝疆无。

这些文章使《苏报》形成了慷慨激昂的风格，几乎成为了
当时苦苦追寻革命道路的革命人士的必读报，《苏报》也因
此被推到风口浪尖，成为革命道理和革命道路探索的舆论中
心。他堂而皇之地刊登《驳康有为论革命书》与邹容的《革命
军》，甚至还刊登"载湉小丑，不辨菽麦"这样的言论，公然
嘲讽皇上载湉是小丑，丝毫没有把清廷放在眼里。在《苏报》
的探索过程中，章太炎不再拘泥于民族大义，而是转而最现实
的国家问题，如何让国家摆脱此时孱弱受欺压的状态，他和许
多的革命党人思索出只有革命才能推翻封建统治，和西方一样
建立民主共和的国家，人民才能得到他们应有的尊重。《苏
报》引起了清廷的注意，但是由于《苏报》在英租界内，清朝
政府只好向租界当局控诉《苏报》。6月29日清政府以《苏报》
鼓吹革命为由，逮捕章太炎。不久《苏报》被封，史称"苏报
案"，章太炎和邹容也分获了三年和两年监禁。由于章太炎是
浙江同乡，徐锡麟自己也对清廷的腐朽有诸多不满，所以看罢
章太炎的言论后也是大呼过瘾，引他为自己的知己，所以他就
从自己的费用中拿出几十两银子募捐，积极参与营救章炳麟。

1903年注定是不平静的一年，这一年太多人看清了清政府

邹容

的真面目，这一年太多人对清政府寒了心，其中就有徐锡麟。他到日本后看到清政府的丧权辱国到黑白不分，一颗本来熊熊燃烧的心早就冷却了下来，他深感清政府的黑暗，也不再奢求用维新能够改变如今的清廷，他的思想已经坚决地转向革命了。而且他在日本认识了许多和他志同道合的革命志士，深感自己也是他们的一员，而且要拯救中国光靠维新完全不够。他们觉得只有革命，推翻清政府，建立起一个新的政府才能救人民于水火之中，于是他在日本就开始着手革命事宜，并偷偷购买了关于西方思想的启蒙书籍，有关军事的书籍回国。

1903年11月，徐锡麟参加浙江乡试的结果揭晓，头场文字通过，因三场策论附上了地图而仅仅中了副车，他此刻才深深感到清朝的科举制度实现不了救亡图存的愿望。他在考场上用自己所学提出了自己的救国思想，但是却遭到了鄙视和排斥，他又一次认识到清朝政府一点也接受不进西方的先进思想，统治阶级还是故步自封，根本没有一点进步。他意识到走入官场，靠自己的力量拯救这个将倾的王朝完全是不可能的，他开始放弃家庭传输给他的"仕途"思想，也开始放弃这个王朝。他曾经在考卷里写过这样的话："石受铁激而生火，水受月激而生潮，汤放桀，武王伐纣，亦何尝不受激而使然！"这句话也昭示着他之后被清朝政府的软弱无能、黑暗残暴所激，毅然决然踏上革命道路。

此次秋闱他的一个朋友叫韩英，考中了举人，请他和一些

章太炎

落第的朋友吃饭，饭后打牌作戏，俗称打五关。徐锡麟在席间写了一首打油诗道："韩英居榜首，余子落孙山，放下生花笔，同来闯五关！"这后一句意带双关，似指打牌，其实是暗指搞革命，同席的人都没有悟到这点，而这首诗也表明了徐锡麟为革命事业不惜牺牲生命的决心。

他在本次的秋闱中了副车，本来是令人高兴的事情，但是他的好友听闻喜讯去祝贺他的时候，只见徐锡麟眉头紧锁地坐在书房里，似乎不见高中之后的喜悦颜色，友人奇怪，还暗自以为徐锡麟只是因为自己没有得到更高的名次而伤心，正想上前安慰他，只见他淡淡地说："你们怎么来了？"那些友人听到这句话，看到徐锡麟脸上那悲恸的表情，才知道他并不是为了乡试没有得到好的名次而伤心，而是因为他把这次乡试看做自我抱负实现的机会，本以为自己在试卷上写的救亡图存的计策能够受到朝廷的重视，却没想到科举完全不需要救国的人才，科举制度也根本不是为了选拔可以救国的人才，而是要选拔能够按照规矩办事，听清政府的话的奴才，他为科举制度禁锢人感到伤心，但是却无可奈何。友人见他十分悲痛，他们也知道徐锡麟参加科举是想施展自己的抱负，在这乱世力挽狂澜，如今这么赤裸裸地看到朝廷的黑暗、制度的残酷，他又如何接受这个事实呢？友人安慰了他，交谈之后就离开了。

归国后，在徐锡麟的心中，一颗在日本时被陶成章这些友人播种的革命种子已经悄悄发芽，加上参与营救章太炎，他更

梁启超

觉得自己和这些朋友有着一样的信念和抱负。他也深感要在中国完成大事，必须通过教育让民众接受先进的革命思想，发展壮大革命队伍，才能取得革命的成功。于是他开始着手在家乡设书局，专门运售一些翻译过来的西方书籍，革命人士撰写的文章，传播先进思想的新式报刊等，他还特别在轩亭口开办了一个特别的书局，专门印《饮冰室文集》等书，他想通过这些书籍和报刊的发行，开启民智，让民众知道清政府已经无以为继，让革命的思想能深入人心，但是现实没有他想象中的那么简单，他在着手去干的过程中却因为遭人排挤，没有办成，只能又退任副监督之职。

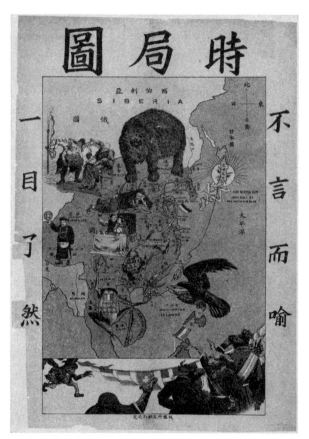

时局图

二、创办学堂，积蓄革命力量

　　由于清末创办学堂成为社会潮流，徐锡麟想要创办学堂的愿望便变得容易多了，而同徐锡麟一样，凭借这股政府允许的风潮，许多资产阶级革命派就以学堂为突破口，力图把新式学堂发展成传播新思想和培养革命骨干力量的地方。徐锡麟在短短的一生中，任教和兴办的学堂多达六所，包括普通学堂和军警学堂，其中有官办的，也有民办的，其中徐锡麟兴办的最为著名的两个学堂莫过于热诚学堂和大通学堂。

　　1904年初，绍兴城内大善寺地产被天主教觊觎，将被天主教征用建造天主教堂，而此时中国境内多处房产都被天主教教会所征用，用作建造天主教堂，他们利用宗教在中国牟取利益。徐锡麟得知这个消息后，抱病奔走，告诉群众教会征地的弊端，强烈呼吁群众与教会作斗争，又积极发动绍兴各商号联名上书官府。因绍兴群众群情激愤，官府也不敢触犯民意，生怕民间暴动，所以不敢包庇教会，天主教图谋终未得逞。

1903年，清朝很多支持创办新式学堂的人都认为"学校中本原之原，尤莫亟于创办女学"，人们渐渐认识到不仅仅学堂中的教育是教育，影响人一生的更多的是家庭的教育，而由于中国妇女受"女子无才便是德"的传统观念的影响，大部分都文化水平低下，导致她们的小孩在胎教和幼年时期没有得到很好的教育。为了造就新时代的女性，为了更好地推动社会进步，1903年，徐锡麟邀同道王子余、秋誉章，筹办明道女校，此时的他是绍兴府学堂的副监督。这一想法得到了当地守旧分子的强烈反对，连一向鼓励兴办新式学堂的绍兴知府熊起蟠都反对。但是徐锡麟顶着重重压力，冲破重重困难险阻，最终在1903年下半年拿到了浙江省学务处对明道女校创办的批准立案。

而1905年留学日本的秋瑾在陶成章的介绍下到绍兴认识了徐锡麟，徐锡麟感到秋瑾对女学事业的支持和鼓励，认为秋瑾有学识和有能力成为明道女校的教员，于是在徐锡麟的强烈建议之下，秋瑾在明道女校担任体操教员。

1904年，还在绍兴学府教书的徐锡麟创办了热诚学堂。这是徐锡麟与秋瑾女士等人培养革命新人的地方。

东浦西周溇附近，原有个斗坛，房屋不少，还拥有百余亩田地。这年秋天，徐锡麟积存了两百银元，看中了这个地方，想借用这个地方来办学。

一天，徐锡麟到斗坛，找斗坛司事商量。司事知道他是当

秋瑾

地显赫富贵的徐家的长子，还以为他是去捐助钱物的，堆笑相迎，哪知交谈许久，当徐锡麟提出拟借斗坛的一半办学堂的要求，司事一听，马上收去笑容，面色不善地一口拒绝，把他赶了出来。斗坛原是封建文人供奉"魁星"的场所，这个地方代表了他们对封建科举的推崇和重视，于是地方豪绅百般阻挠。斗坛司事金某，更是横加阻拦，竟到挥拳殴打，不听劝阻，后来徐锡麟将他送县究办，谁知金某与乡绅曾某一起串通汤知县，得到包疪，并没有因为斗殴受到任何处罚。徐锡麟马上和从日本归国的留学生陈赞卿、许东山等计议，大家都很气愤，便约了几个人去把斗坛里的几尊泥塑菩萨捣毁了。事发之后，坛主便控告到山阴县里，知县派人传讯徐锡麟等，徐锡麟听到消息避开了，陈赞卿却被捉了去。许东山找到徐锡麟，担忧地问徐锡麟："赞卿被捉了，怎么办?"徐锡麟回答道："别急，我有办法。"不久，他便去见绍兴知府熊起蟠，他曾经做过绍兴学堂的讲师，又经常帮助熊起蟠出谋划策，两人关系甚好。当徐锡麟向熊起蟠说明想在东浦办一学堂，想借斗坛一半作办学之所时，由于熊起蟠本来就对博学多识、计谋甚多的徐锡麟十分器重，而且当时兴学堂成为风气，便一口答应。徐锡麟便立即请他出一告示，等到告示写好，印子盖上。徐锡麟却丝毫不见高兴，而且幽幽地叹了一口气，熊起蟠不解，问他为何愁眉苦脸，他这才对熊起蟠说："陈赞卿因为办学之事，被山阴县捉去了。"熊起蟠听了顿时勃然大怒，立即把知县叫来，熊起蟠责问汤知府说："地方热心办学，应当奖励，你不当阻止。"他把汤知县申斥一通，令其将陈赞卿释放。

不久，在完成修理讲堂，置办器具，招收学生等准备工作后，学堂终于开学。热诚小学便在这个斗坛里办起来了。但到了九月，斗坛又吹吹打打做道场，吵闹得根本没法正常上课，十分影响学堂教学。徐锡麟以此为理由，进一步要求将斗坛全部划归学校，也得到批准，连所属田地也归学堂所有。

热诚小学办起来的目的，除了为桑梓兴学，使本乡儿童都能免费读书外，实际上是为了联络革命志士，积蓄革命力量。学校设施革新，提倡男女平等，男女同校，当初任教的有徐锡麟和秋瑾女士及留日同志。徐锡麟担任体操的监督和教学，每次晨操毕，就回绍兴府学堂继续在那里教书，十分辛苦。下午课毕，又来东浦，十余里，往返步行，风雨无阻，从不间断。他爱护学生，对清寒子弟他出资负担医药费，夏季还买给草席用，学生由数十人增加到一百余人。学校当时设有国文、算学、天文、体操、修身、历史、地理，四年级开设英文。暑假后增设高小一班，但对普通学科不甚研究，尤其注重研究兵式体操。徐锡麟和他的好友陈志军亲自训练学生，又从南京兵轮上雇了一个军乐演奏者来，专门教学生军乐，他自己精通算学，于是亲自教他们测量学，他曾说："我侪将来行军，须先测明地点和途径，并测明我炮弹能及远若干，则对敌作战，百发百中，胜算可决。平时治地，莫善于测明其地之大小，熟察其地之肥瘠，与人情风俗，而敷政始能优优，故测量之学，甚重要焉。"他认为他们将来行军之时，必须要用到测量学来勘察炮弹的地点和途径，并且时时向学生们灌输在战场上的作战技巧和应对措施，此时他已经开始为未来的革命培养人才了。

热诚学堂里有一个沙坑，里面曾经藏有一些枪支，这些枪支是徐锡麟独自一人驾小船秘密运来的。他的学堂里面有一些俄人的画像，由于1903年俄人对中国的欺压，他对俄人深恶痛绝。徐锡麟就常常以这些俄人的画像为靶子，每日练习打靶几十次。在刚开始训练的时候，他亲自将所有的枪支试过，有一支枪发射时弹丸反弹到他的肩上，可以想象有多痛苦，但是他神色未变，反而越发刻苦地训练，训练到后来甚至达到了百发百中的程度。当时他仰慕越王勾践、项梁这些起兵会稽的古代英雄，他也想积蓄力量等待时机能够铲除清政府。各地的爱国志士常常在热诚学堂集会，他们对革命思想和形势侃侃而谈，也谋划接下来的革命活动，他们对革命充满热情，所以常常谈到深夜也毫无睡意。

徐锡麟亲撰一副楹联："有热心人可与共学；具诚意者得入斯堂。"以此取名为热诚学堂，并且明确指示办学宗旨，要求学堂的师生要具有救国热心与革命诚意。

为了办好热诚学堂并且在绍兴学府当好一个好老师，他常常带着学生游历诸暨、嵊县、东阳、义乌等地，寻找和结交有思想有革命冲动的有志之士。他白天步行百余里，晚上就随意住在旅社里，丝毫不在乎住宿条件的简陋，在几个月里，就走遍了这些地方，并结交了当地有能力和抱负的人。其中，徐锡麟到嵊县的次数最多，路上甚至还遇到过强盗，他并不拘泥于这些人才的职业，甚至与和尚和道士也有联络，曾经在平水的显圣寺过夜。徐锡麟在平水县联系革命志士的时候，曾经以武术抗击强盗。有一次徐锡麟走到中途，夜幕已经降临，于是他就坐在凉亭里休息。突然从凉亭旁闪出一个蒙面强盗，他大声勒令徐锡麟把身上带的钱财尽数交出。徐锡麟面不改色，胸有成竹地答应会把钱交出，先稳住了蒙面强盗的情绪，并且不慌不忙地从袋中掏出钱包，蒙面强盗看徐锡麟一副弱不禁风的书生模样，而且还如此配合，就信以为真，也放松了对他的警惕。看到徐锡麟掏出的钱袋，眼中一亮，迫不及待地伸手去接。说时迟，那时快，徐锡麟看到强盗对自己放松了警惕，趁着蒙面强盗伸手的那一刻，一把捏住了蒙面强盗的手腕，用力地扭向他的后背，将他的双手反剪。强盗震惊过后开始奋力反抗，他拼命挣扎，终于将一只手挣脱，他立马用挣脱的那只手挥拳向徐锡麟打去。徐锡麟从容自若，将身子一闪，用巧力将蒙面强盗摔到凉亭石柱上，发出一声巨响，强盗痛极。徐锡麟趁着强盗一时痛楚不及反应，又向强盗扫出一腿，将强盗打倒在地，强盗倒在地上，只能哼哼喊痛，再无还手的余地。他苦苦哀求徐锡麟高抬贵手，徐锡麟看了他两眼，只觉世道艰难，他出来做强盗也是局势所迫，所以只是严厉地训斥了他一番，告诫他不可再干这种害人的营生，就放了他一条生路。

他在游历四县的过程中，很少休息，总是和衣而睡，甚至连鞋袜也不脱，只为珍惜时间尽快结识有抱负的人才，让革命运动能尽快地得到开展。一次，洗脚时，发现鞋袜脱不下来，原来脚已溃烂，脓血已紧粘鞋子了。

他回到绍兴后，感慨地说："我走遍了四个县城，认识了许多人才，才知道我泱泱中国人才辈出，中国的未来有希望啦。"他此番游历，不仅仅是为了结交这些英才，得到一些关于革命和中国的计策，还筹划着将这些人才招揽到自己的麾下，让他们为革命运动出一份力。

这时东浦的乡人已经为这些军事训练心生怀疑，徐锡麟的祖父听说这件事情，也觉得徐锡麟不务正业，更加厌恶这个长孙，但是这个学校是绅士公立的，没有办法解散，而且里面招募的学生年纪很小，对乡里和国家产生不了太大的影响，就放任他们继续下去了。

热诚学堂就是早期大通学堂的雏形，而且大通学堂的创办事宜也是在热诚学堂商讨出来的，徐锡麟在热诚学堂的创办过程中积累了很多办学和革命的经验，这也是之后的大通学堂在种种压力之下毅然屹立不倒成功创办的原因之一。热诚学堂是徐锡麟革命活动的起点，也是光复会在国内最早的据点之一，后来热诚学校有一副对联，其中上联是这样写的："先生事业于斯作之权舆……"，说明徐锡麟的革命事业是以热诚学堂为起点的，热诚学堂可以说是徐锡麟真正开始革命事业的一个转折点。

1904年冬天，徐锡麟因事经过上海，住在五马路周昌记。听说蔡元培先生在上海，十分想见他，听听他对革命事业的意见和建议。于是到虹口爱国女学校和蔡元培会面，当时陶成章先生也在。他和蔡元培、陶成章经过攀谈，被蔡元培的革命精神和个人魅力所吸引，决定加入光复会为大好河山而奉献出自己的一份力量。上海有浙江的豪杰十余人，他们在上海一同设立了光复会的盟约——"光复汉族，还我河山，以身许国，功成身退"，谋光复军的发展道路。徐锡麟成为首批加入光复会的人，后成为光复会的主要领导人之一。

光复会，成立于1904年之冬，1903年，俄国逼迫清政府缔结《中俄密约》，消息传到日本，引起了留日学生的极大愤怒，有志之士马上决定倡议组织义勇队，自行去东北拒敌。学生纷纷响应这个倡议，都签名以示自己对国家之志，青年会的主要任务是扩张其党势，以便招到更多有能力有胆识的革命人士，而成人义勇队则是拒敌的主力，但是日本政府不许外国人在日本境内有军事活动，所以他们商量之后，才将这个组织改名为军国民教育会。但不久，清政府传出消息要逮捕学生请愿代表，学生们听闻此消息后，震怒且绝望，他们认为清政府一心卖国，根本无心抵抗西方列强的侵略，所以才会逮捕民间的自愿武装分子，他们认为清政府根本没有能力保护民众，清政

蔡元培

府所谈的改革也不过是一纸空文，他们对清政府的未来完全失去了希望。于是一大批有志之士就回国，打算在国内着手自己的革命事业，其中就有一些人组织的暗杀团，专门暗杀国内的重要清朝大臣，为推翻清廷的军事活动进行援助，并借此震慑清廷。

后来，中国教育会会长蔡元培从青岛到上海，知道了这样一个组织，心里深觉组织的宗旨符合他心中所想，于是要求加入这个组织，愿意与其合作，团员们自然十分高兴，于是蔡元培将组织原有的规章制度加以修订更改，把名字定为光复会，又叫作复古会，这便是光复会的前身，而经过团员的选举和投票，蔡元培被推举为光复会的会长，组织也焕然一新。而光复会的宗旨是"光复汉族，还我河山，以身许国，功成身退"，这恰好和此时在绍兴地区一直深受折磨的，对清政府绝望的徐锡麟的内心不谋而合，

1905年3月，蔡元培的族弟元康从上海到绍兴，告诉同志们可以抢劫钱庄来补充军需，光复会里的团员们都觉得这个方法很好，徐锡麟听到这个方法并把它记在了心中。他向同志许仲卿借了银钱五千元，到了上海购买了五十杆后膛九响枪，子弹两万颗，声言枪两百杆，子弹二十万，他在购买枪支之前，先向知府熊起蟠领取了公文，并向他声明这些采购的枪支弹药都用作学校体操操练之用。一切准备就绪之后，他正大光明地雇了挑夫十余名。因为有知府的批准，一切都进行得很顺利，一

路上的警吏都不去检查过问。到了绍兴，就把枪支弹药寄存于学校之中。刚刚把枪支弹药的事情安排妥当，徐锡麟一刻都不曾休息，就赶往嵊县请求竺绍康选择光复会里面身强力壮的团员二十人，将他们派往绍兴，并给了每个人二十元的费用。竺绍康是徐锡麟归国后认识的嵊县会党的首领，两人关系甚好，在革命事业上志同道合。

徐锡麟将这些事情安排妥当之后，就马上回到东浦和陈志军等人商议，想要举办一个学校把这二十个人以合法的方式留在学校里，这样也能掩人耳目，并且学校还可以成为他们藏匿准备的金钱和枪械的地方。大家商量之后觉得可行，于是徐锡麟就借助他家的关系，和东浦附近大通桥旁大通寺方丈商议，借其数十间屋子用作开办学校之用。原本一切事情都很顺利，但是由于徐家祖上都在这边从商，关系错综复杂，这件事传入了徐锡麟的父亲徐凤鸣耳中，他担忧儿子卷进危险的激进事件中，听闻他又要建学校，不把心思放在科举上，心下更加不忿，就借助自己的关系和该寺的方丈说不要将这些屋子借给他儿子徐锡麟。徐锡麟听闻这件事情也无可奈何，不敢忤逆自己的父亲，却为学校新地点的事情烦恼。

正在烦恼的时候，陶成章和龚宝铨从嘉兴来，听闻徐锡麟在学校屋舍方面和父亲起了冲突，一时没有什么主意，就建议说到府城拜见豫仓董事徐贻孙，商议借豫仓的几间空屋来开办学校，徐贻孙听闻觉得他们开办学校甚好，于是二话不说就同意了，徐锡麟的父亲徐凤鸣听闻了也无可奈何。学校的地点定了下来，徐锡麟心里的一块大石头也就落了地，见事情应该就此定了下来，不会再有什么变数，于是徐锡麟放心地将寄存在府学校的枪支全部移到了豫仓，竺绍康带着徐锡麟要的二十个人也如期赶赴那里，他们选了一个好日子开办学校，学校经费尽数由许仲卿支出，仍然采取旧名大通学校。

这时，敖嘉熊所举办的温台处会馆经费不足，将要倒闭，陶成章听闻这个消息，于是招了这个会所中原来的教员吕熊祥、赵卓等，让他们先后进入绍兴大通学堂担任教员，并商议于八月二十五日开学，会稽平水人陈伯平刚刚从福建回来，听闻光复会里的徐锡麟带领着光复会的一群人正在绍兴地区办学校，于是也愿意投身于这份事业中。光复会里面的同志，凡是听闻徐锡麟创办学校的事情，都纷纷响应，请求加入其中贡献一份力量。

徐锡麟原先开办大通学校的本意是抢劫军备所需的钱物好藏匿在大通学校，但是后来考虑到光复会成员没有一个人精通驾驶，且抢劫会使这个初期的革命基地处于危险之中，于是这个"抢劫"事宜便作罢。

徐锡麟后来又提议想在开学日将绍兴城的大小清朝官吏都杀尽，并以此为契机起事，请陶成章告诉各府党人都同时响应他的计划。但是在这一件事上，陶成章与徐锡麟却起了争执。陶成章以浙江不是主要的起义地点为由驳回了徐锡麟的计划，他认为想要在绍兴起事，必须打通安徽，并且用暗杀扰乱南京，防止这两块地方拨兵到绍兴支援，致使起义失败，所以反驳徐锡麟的计划。

陶成章建议把大通学校改成师范学校，设体操专修科，不论是什么地方的人都可以入学。按照当时的规定，他们必须到杭州学务处递交申请，由学务处代为转到三司，说东西洋各国都征民兵，而且也可以征民兵为名，把中小学及高等小学毕业的人招入学校，加以专业的兵式体操训练，把他们打造成民间的国民兵，一经号令就可以成为守卫国家的力量。对外可以这样说，但是实际上，这却是革命者自己打造的为革命举事的革命力量，这样是一举两得。

对学务处，他们在申请中说：按照中国的形势，不能不行征兵之制，须先倡议团练为基础，我们现在创办大通学堂，内设体操专修科，所有有意愿的都可以加入，于六月毕业，就可以各自回到本乡倡办团练，为征兵做准备。这样的措辞让清朝官吏深以为然，马上批准了他们创办学堂的行为，并答应了他们的请求。

于是1905年，徐锡麟创办了大通师范学堂，除了普通学科之外，尤其重视体操和军事训练。陶成章等人也出发游历诸暨、永康、缙云、金华、富阳等县，邀请各党的头目到大通学堂学习兵操，于是绍兴金华各个地方到大通学堂学习兵式体操的人络绎不绝，陶成章又规定凡是加入大通学堂的学员都要遵守学堂的规章制度，并成为光复会的成员，自此，大通学堂成为了光复会的大本营，用来培养革命所需的革命人才和传播革命思想。

革命党人经常在大通学堂商议开会，有的人骑马来，有的人步行来，声势颇为浩大，最经常看见的就是徐锡麟、竺绍康、孙德卿、黄介卿、王季高等人。中午之前开会，到中午的时候就散会，百姓们虽然惊讶他们的开会，私底下偷偷怀疑过，但是也没有人敢在他们开会的时候去偷听。他们大致制定了起义的计划，大致上就是从嵊县等地偷偷招揽壮士，编为八军，以"光复汉族，大振国权"八字为宗旨，起名为光复军，又熔铸了金戒指十几枚，在上面刻上诗"黄河源发浙江潮，卫我中华汉族豪"，分给光复会中的主要干事，当做他们在光复会中的凭证。后来他们商议的大通学堂恰恰为"光复军"的发展做了一个良好的开端。

因为大通学堂在创办之初得到了绍兴当地政府的支持，所以大通学堂毕业的学员都由绍兴发给文凭，面上印着绍府及山阴、会稽两地的县印，又在最后盖着大通学堂的图章，背面则记以秘密暗号。每当学校开学和毕业的时候，徐锡麟都请本城的官员和当地有名的乡绅来参加开学和毕业典礼，并且把官吏、乡绅和学员的照片送到当地的官吏和乡绅家中留作纪念。

陶成章所做的打算十分聪明，正是因为兵式训练得到了朝廷的批准，当革命党人发生什么事的时候，也不会怀疑到大通学堂身上，当地的乡绅和百姓听到什么风吹草动也不敢随意言语，所以大通学堂才能在各种灾祸之中屹立不倒，以至于之后徐锡麟在安庆起义失败，大通学堂也没有受到牵连，正是因为在大通学堂开学之前光复会的同志们周全的考虑和计划。

三、进入官场，灌溉革命的花枝

　　大通学校成立数月之后，陶成章看到光复会之中有许多家境富裕的商人，所以提议捐官学习陆军，谋划着拿到兵权，那么他们从内部推翻清政府的可能性会更大。徐锡麟认为陶成章的主张很有道理，所以相约与陶成章、龚宅锋、陈志军和陈德谷这几个人一同捐官学陆军。于是徐锡麟根据他家族的关系，再加上徐仲卿的资本，开始着手这几个人的捐官事宜。徐锡麟马上到湖北拜见他的亲戚，原来是湖南巡抚的俞廉三，这个时候俞廉三正想取得浙江铁路总理的职位，但是他平素为人比较顽固，不怎么受同僚的喜欢，想要当上这个职位一雪前耻，改变同僚对他的想法。徐锡麟知道了他心中所想，投其所好，就针对他心理薄弱的地方对他进行劝说，俞廉三果然被徐锡麟劝动，答应参与徐锡麟一行人的捐官活动，并帮他们打通关系。

　　俞廉三马上给浙江的将军寿山写了一份介绍信，徐锡麟马上回到浙江，拿着这份介绍信去拜见这位可以帮他打入官场的将军寿山，寿山这个人头脑愚笨，但是为人却十分贪婪，他看到徐锡麟有意进入官场且家境较为富裕，所以言辞吞吐之中向徐锡麟索要三千金，才能批准他们五个人学习陆军。

徐锡麟觉得此事可行，于是答应了寿山的要求。拿到钱之后，寿山马上嘱咐幕友批准徐锡麟等五个人去学习陆军的相关事宜，又给驻日公使杨枢写了一封信，让他答应徐锡麟一行人和他们一起同行去日本学习陆军。

俞廉三不放心，在刚刚上任的浙江巡抚张曾敭从湖北出发时，他又再三叮嘱，说徐锡麟是他的表侄，其余要跟随他去日本学习的人，都是他家侄儿的好友，请他务必要好好照顾。

于是这一行人去日本的事情基本就定了下来。

1906年1月，徐锡麟在出发去日本时带了他的妻子振汉，一方面妻子十分支持自己的革命活动，另一方面祖父总是反对他参与这些活动，总是在他外出的时候，盘问妻子自己昨晚是否回来，在外面又做了什么，把妻子带在身边，也能够让家里人放心答应他到日本去学习，同行的人里还有陈伯平、马宗汉等一共十三人。

徐锡麟在离开绍兴之时，把校内经理的事宜托付给了曹钦熙，叫他管理学校内的大小事宜，把照顾其他地方学生的职责托付给了吕熊祥，本来打算六月毕业之后，体操班就马上停止。那时毕业的学员就可以回到他们各自的乡里，办体育会或者开团练局，把在学堂的体操技艺到乡里去传播，顺便传播革命思想，让乡里的人也加入光复会，参加革命活动，这样革命的力量就可以得以壮大，但是谨慎的陶成章怕这样的安排太过引人注目，就提议六月毕业之后大通学堂就马上停止教学，全心为未来的起义做准备，不要再节外生枝，防止日后的事情败露，但是徐锡麟等又有异议，竺绍康、吕熊祥等想要借大通学堂培养更多的军事人才，所以不同意停办，于是竺绍康就到各地招揽光复会中精通军事体操的人，邀请他们到大通学堂举办体操班，并加大了招生力度，六月毕业之后，所有事宜也一如之前，完全不采纳陶成章的意见。

徐锡麟出国之后，由于走得匆忙，安排人员方面也不甚妥当，大通学堂发生了一些事情，而这些事情也为徐锡麟回国后拜见大小官员遭到怀疑和拒绝埋下了隐患。

大通学堂刚刚建立之时，徐锡麟和陶成章等料理学堂内外大小一切事务，徐锡麟主外，负责大通绍兴各处的关系，为大通学堂打造了一个较为安定的环境，而陶成章主内，负责制定大小规章制度，用来约束入学的学员，使得学堂的秩序井井有条，在学习体操军事的情况下不至于出现打架斗殴的现象，所以尽管民间有些传闻，但大通学堂井井有条，没有发生什么事，也让官员和乡绅没有什么话好说。

由此也可以看出徐锡麟年轻时的教员经历积淀了许多的教

育经验，加上他祖上从商，自己与生俱来的沟通能力，使得大通学堂创办得十分成功，从这一点上来讲，徐锡麟应该是一个十分杰出的教育家。

但是，徐锡麟出国之后，大通学堂却出现了许多问题。

徐锡麟去日本之前把大通学堂的大小事务都交给了曹钦熙，看中的是曹钦熙的德高望重和资历较老，但是徐锡麟没有想到的是，曹钦熙是一个古板的老书生，只会之乎者也地教些儒生知识，根本不清楚光复会内部的事宜，所以光复会内部的许多矛盾，他并不能很好地处理，但是由于陶成章在大通学堂建校之时制定的一些规章制度的原因，所以一直到第一班学生毕业了，大通学堂还是没有出现比较大的纰漏。

但是，第二班学生毕业后，虽然陶成章强烈建议停止大通学堂的招生，着力于团练，但是竺绍康、吕熊祥、赵卓等真正在管理大通学堂的这些光复会成员却没有听从陶成章的意见，坚持地招收了第三班学员，但是问题恰好就出现了。

由于竺绍康、吕熊祥并不是本地人，所以和绍兴学界并不是很和睦，不能理解绍兴的一些风俗和习惯，教学和管理也不能因地制宜，这就引起了学校学员的不满，他们渐渐觉得自己才是绍兴本地的主人，不能被几个外乡人指手画脚，大通学堂的形势变得不是十分乐观。

后来徐锡麟委派的曹钦熙深感自己不能在大通学堂力挽狂澜，改变不了这样的局势，于是毅然辞职。第二个继任的静夫也是局外人，根本不能了解光复会内部的情况，于是校内很多光复会的团员认为他们商讨大事的时候有诸多不便，于是都攻击他，无奈之下，竺绍康只好请他的好友姚定生来代替静夫出任大通学堂的总理。姚定生对光复会内部情况不是很了解，但是由于他的个人魅力及办学的能力突出，大通学校的学生就分成了两派，一派倾向于光复会，认为姚定生不能为光复会的起义或革命做出什么贡献，要赶他下台，而另一派则是认为姚定生的教学模式和管理模式不错，他本身是一个很好的教育家，他留下来有利于大通学堂教育和管理的发展。

　　一开始这两派的学生也不过是口舌之争，但是演变到后来竟持刀械斗。更有一次，两派众多学员拿着刀械公然到大街上打架斗殴，由于这些学生是绍兴政府批准的正式学员，一时间大家竟都不敢过问这件事，后来有人从中调解。姚定生认为因为自己大通学堂的学员分成两派，导致学堂不团结，甚至在民间造成了很差的影响，心里过意不去，也深感自己若再在这个职位上待下去，这两派的斗争势必还会存在，所以就主动辞去了大通学堂代理的职位。但此时大通学堂打架斗殴事件已经在当地造成了很差的影响，很多不了解内幕的人都暗自推测这个是一个强盗学堂，街头巷尾一时间对大通学堂的评价非常差。民间街头巷尾的谈话虽不足为信，但是也给当地官员及听说这件事的清政府留下了一个不好的印象。

　　1907年正月，由于徐锡麟当时一心打算打入清廷，在清廷中夺取他们的军权和行使暗杀计划，对大通学堂的诸多事宜都没有时间兼顾。而且在他前往日本期间，曾将学校的大小事宜交给他人代管，但是结果却不尽人意，甚至引起了清朝官员的怀疑，于是徐锡麟前往安徽时就请鉴湖女侠秋瑾来管理大通学堂的大小事务。说起秋瑾，大家恐怕都不陌生，秋瑾被光复会诸革命党人所信任，要她来监管光复会的大本营——大通学堂也不是仅仅因为她身上过人的胆识，还因为秋瑾曾赴日本受过良好的教育，自身有较高的文化修养，国文和科学都颇为精通，又曾经在南浔女校教过书，身为女子却在南浔女校教授女子体操，并且取得了较为良好的成绩。她个人的学识，曾经教授过兵式体操的经历和她自身光复会成员的身份，对光复会内部的了解，让光复会成员觉得她是接管大通学堂的不二人选。

秋瑾接管大通学堂后，一切遵循徐锡麟之前拟定的大小方针执行，一切也进行得井井有条。秋瑾之前在南浔女校做过教员，也教习过女学生兵式体操，如今又掌大通学堂，她决定要将她在南浔女校未竟的事业和抱负在大通学堂中实现，于是他开始广招女学生，在学校里教她们兵式体操，自己亲自监督率领，想把她们编成女国民军，但是乡绅和学界都大为震怒和反对，当时时思想还未开化，觉得秋瑾一介女流不在家中相夫教子，出来抛头露面，还当一个学校的校长已然不妥，现在竟然还要"祸害"绍兴当地的女学生，一时间，讨伐之声群起，女学生也迫于舆论和社会的压力，几乎都不曾来学堂上课，秋瑾不得已只得放弃这个计划，转而在金华、绍兴等地广招教员来教习体操，扩大训练的学员数量。秋瑾甚至还带领学生到野外练习开枪，自己也乘马带领他们同入同出，但是由于秋瑾凡事都亲力亲为，甚至穿着军装监督学员们会操，这一点虽然让她得到学员们的敬佩和信任，让大通学堂内部恢复到原来一样的团结，但是却遭到了当地乡绅的诟病。

徐锡麟到安徽去做官后，把大通学堂的大小事宜都交给秋瑾管理，但是当时大通学堂缺乏固定资金，又很少有经费的补助，秋瑾面对大通学堂不小的开销也是捉襟见肘，巧妇难为无米之炊。但是还好大通学堂内部十分团结，教职员也多为光复会的同志，所以工资这笔开销也能省就能尽量省去，并且他们也私底下将自己的财产投入大通学堂以维持大通学堂的日常运营。所以在光复会同志们的帮助下，大通学堂每月也只有一点支出，也不用支出过多的教员工资，所以大通学堂也勉强可以维持下去。秋瑾甚至还到自己的夫家借款，不可谓不用心良苦，而秋瑾对大通学堂的贡献，致使大通学堂能够平稳地发展下去，也为身在安徽打入清廷的徐锡麟解决了后顾之忧，让他可以专心完成他的任务。

之后陶成章因为生病，和龚宝铨回国，在西湖旁的白云庵养病，吕熊祥从绍兴来看陶成章询问他对革命军及起义事宜的意见，陶成章之前提出的建议基本没有被采纳，但是他看到自己面前诚恳的吕熊祥，还是不忍心让这些革命志士因为一点小事而丢失了性命，于是还是十分坚决地建议他们，把大通学校当做革命碰头和革命党人藏身的场所，现在大通学堂已经培养了大批的军事人才，就让这些人到各自的乡镇去进行团练，切不可再扩大招生，将大通学堂成为官府和民众关注的地方，乡里的乡绅和百姓已经有察觉，只是因为光复会之前和官府打通了关系，时至今日还没什么危险，倘若他们一意孤行，那大通学堂必将成为众矢之的，里面进行的一切革命活动和革命党人总有一天会被发现，毕竟纸是包不住火的啊。这一番话缓缓道来，满是陶成章革命的经验和智慧，以及对光复会里的革命党人的告诫，但是此时吕熊祥早已被六月结束的学员毕业典礼冲昏了头脑，他一心认为事情到现在还没有败露是他们把计划进行得十分完美的缘故，丝毫没有看到其中的风险，他一心想把大通学堂办大，打造出更多的高素质的军事人才，殊不知在起义时需要的并不是过多的将领，而是手底下的士兵，他此时被成功冲昏了头脑，早就忘记了原先创办大通学堂的初衷，而是一心扑在扩大大通学堂的计划中。

陶成章看到吕熊祥虽然连连称是，但是丝毫没有放在心里的样子，暗暗叹了一口气，虽然惋惜也没有什么办法。

到了日本，由于日本政府不许自费的中国留学生在日本学习军事，所以徐锡麟一行人被振武学校拒绝。

自从1903年苏报案发生之后，直到现在，章太炎的三年监禁也满了，原本是可以出狱的。那时章太炎在狱中已经待满三年，却不见释放的消息，更有人传言清政府已经被贿赂英国人的狱卒要把章太炎毒死在狱中。这件事传到日本后，日本留学生群起反对，而徐锡麟更是心中愤愤不平，他回到上海想要营救章太炎。他前往狱中想要和章太炎交谈，告诉他狱外还有许多革命志士同他一样在想办法营救章太炎出去，但是狱吏阻碍，最终没有和章太炎谈话。

于是，这时徐锡麟先到了上海，和上海光复会的成员草草碰了个头，之后便赶往湖北拜见俞廉三，感谢他的此次帮助，并且希望自己日后进入清政府时也多多帮助，俞廉三十分喜欢自己这个聪明且会做事的表侄，于是满意地答应了下来。

告别了俞廉三，徐锡麟又到浙江拜见寿山，寿山十分欣赏这个年轻人的博学多识，也为他的上进心，愿意学习军事来帮助清廷感到高兴，几番交谈之下，他越发赏识这个年轻人，于是将他介绍给岳庆亲王奕劻，俞廉三又把自己的表侄博学多识，愿意学习军事帮助清廷的事情告诉了张之洞，希望若有朝一日徐锡麟进入清廷，他能够多多帮助。俞廉三心中其实颇有计划，他此时已经不中用了，一方面他希望徐锡麟能够进入官场，光宗耀祖，他的脸上也有光；另一方面，他也是觉得以徐锡麟的才识，要是进入官场一定能够到比较好的职位，到那时他们两个可以相互扶持，说不定哪一天他还要找徐锡麟帮忙呢。他的如意算盘打得很好，但是他没有想到他的表侄早就不是十几年前那个在书房里来回踱步摇头晃脑地读着四书五经的

张之洞

书生了，徐锡麟有了更大的抱负，而这个抱负和自己的计划背道而驰。

张之洞听了俞廉三的话，表示对徐锡麟很感兴趣，他觉得徐锡麟是个人才，于是把徐锡麟介绍给了当时在清廷有着显赫地位，在军事方面有着重大权力的袁世凯。1901年，袁世凯在山东创立了山东大学堂，并且积极筹备武备学堂，并且参与常备军的编练，张之洞听闻了徐锡麟在绍兴创办大通学堂，并立志教授兵式体操的事情，觉得他想在民间创立武装力量，这一点和袁世凯不谋而合，袁世凯应该会欣赏徐锡麟，并且在练兵方面会给徐锡麟一些指点，但是袁世凯生性多疑，他隐隐地觉得徐锡麟此举必然隐藏着不可告人的秘密，于是拒绝了张之洞的举荐，不见徐锡麟。

徐锡麟在国内营救章太炎不成，心中郁郁不平，想要在日本学好军事，回来以革命方式推翻清政府，不让更多的革命党人因为爱国和革命言论冤死在狱中，于是他又立马回到日本，想要进入陆军学校学习。

但是可惜的是，徐锡麟因为高度近视不符合军人的标准被陆军学校拒绝，无奈之下，只好转而学习警政，并想通过学习谋得更高的职位，但是陶成章对此又提出了异议，他认为不直接指挥军队都成不了大器，起义也不能成功，只有直接指挥军队结合暗杀团，才能扰乱北京，达到他们的目的。但是徐锡麟却不同意陶成章的观点，他们两人各抒己见，僵持不下，也没有得到统一的意见，所以这个计划就不了了之。

徐锡麟在日本的时候想要进入东京东斌学堂学习军事技术。当时清政府禁止自费生学习军事，但是东斌学堂却专门接纳被振武学校拒绝的中国自费学生。东斌学堂是日本博士寺尾亨激于侠义心肠创办的一所学校，专门收容中国有革命思想，想要自费学习军事的中国留学生，这所学校也受到了许多留学日本的留学生的青睐和赞赏。于是徐锡麟进入东斌学堂专门学习军事，研究劈刺骑射的技术。

徐锡麟还请石井菊次郎协助留日的同志学习造币技术，为了将来大规模的起义之后，可用于制造纸币来支付革命军的军饷。徐锡麟还嘱咐："军兴饷匮，执将钞略，钞略则病民，亦自败，洪秀全事可鉴也。今计莫如散军用票，事成以次收之。然军用票易作伪，宜习其雕文签缕，令难作易辨，子勉学矣。"

徐锡麟认为在起义之后，军队壮大，军饷自然会短缺，自然会要对民众进行抢掠，但是抢掠的话势必就会影响百姓的生活，导致失了民心。他认为可以自己伪造军用票来维持军队所需，在革命成功之后再收购这些军用票，不至于对百姓造成影响。

徐锡麟一生虽然对清朝官员斗争十分坚决，决不考虑私人关系，但是对百姓，他始终是以一颗慈悲的心，最大限度地去考虑百姓的得失，有多少革命党人在革命进行的过程中忘了自己的初衷，认为革命的路上必须要有流血和牺牲，认为一些百姓的牺牲也是在所难免的，但是徐锡麟始终没有忘记他的初心，他进行革命事业就是为了百姓谋福利，他从头到尾都记得，不曾忘记，在那个很多人都活得混混沌沌的年代，他活得很清醒。

身在日本的徐锡麟时刻关注着章太炎的情况，得知章太炎在狱中并无什么生命危险，心中顿时平静了下来，但是听闻年仅21岁邹容年轻气盛，难忍狱中种种凌辱，于1905年4月3日卒于牢中的消息，十分伤心。

1906年5月，徐锡麟和陈伯平、马宗汉，以及他的妻子徐振汉等人离开日本回到绍兴。

1906年6月，他同陈伯平、曹钦熙等人达到上海，打算经过上海到达北京。此时章太炎还被困在狱中，情况不是很乐观，他探问了章太炎在狱中的情况。得知章太炎在狱中要做很重的苦工，但是他仍不放弃革命的想法，做工之余就埋头写作。他依旧给报纸写文章，这些文章获得了更大的反响。他的无惧无畏不仅使他个人赢得了社会的尊重，也使全社会看到了革命的力量，扩大了革命的影响。徐锡麟心中不由被章太炎的行为所激励，更感自己应该加快脚步进行革命事业。

让他感到欣慰的是，1906年6月29日，章太炎刑满出狱。而当天，孙中山特派邓家彦、龚练百从日本赶到上海迎太炎先生赴日。

早年孙中山

1906年6月，徐锡麟又多了一重身份，他的儿子出生了，徐锡麟喜出望外，给自己的儿子取名为学文，但尽管如此，徐锡麟仍然没有减慢自己革命的步伐，动摇自己革命的决心。

1906年7月，徐锡麟到湖北去拜见俞廉三，希望能够得到一些帮助，陈伯平则往内地去进行革命活动的准备。由于安徽巡抚恩铭在山西当知府时，颇得俞廉三的欣赏，于是恩铭拜俞廉三当老师，恩铭此人是奕劻的女婿，娶了公主，当了驸马，又和浙江将军是连襟，可谓是威风八面。于是俞廉三把徐锡麟引荐给了自己的学生恩铭。引荐之后，恩铭并没有对徐锡麟十分关照，徐锡麟深感这样不能打入朝廷内部，心中郁结。

他前往北京拜访了清朝官员廉泉。廉泉于1894年中举人，在京会试时参与过康有为的"公车上书"。他的官场生涯很顺利，1896年得尚书怀塔的赏识，始任户部主事，翌年荐升户部郎中。但是在1904年冬，他因不满清廷的腐朽统治，辞职南归，移居上海。1906年，也就是徐锡麟拜访他的这一年，他在上海集股创办了文明书局，并聘请无锡俞复、丁宝书、赵鸿雪等知名人士任编辑，编印新式学堂教科书，出版文学艺术译著等。他还送赵鸿雪去日本学习珂罗版、铜版等先进印刷技术，使文明书局成为中国最早采用珂罗版、铜版、锌版印刷书籍的书局之一。由于廉泉受不了清朝政府内部的腐败和黑暗，他毅然决然退出官场，从事书籍出版，而徐锡麟早年也创办过几个书局，两个人很有共同语言。在攀谈过程中，由于廉泉曾经在

安徽巡抚恩铭

官场如鱼得水，所以或多或少对徐锡麟之后进入安庆官场提供了一些经验。他和廉泉攀谈之后，心生在北京开设报馆的念头，又因为光复军起义粮食自然少不了，开设一个垦务公司也十分必要，于是又打算在奉天开设垦务公司。但是这些都只是初步想法，都未投入行动。

徐锡麟去北京的期间，经过辽、吉，结交豪杰。在吉林彰武，特意拜访冯麟阁，有意结识他。此人当过衙役，贫贱狠毒，利欲熏心，17岁时就投身绿林，曾当过"马贼"大头目，后来被招抚为辽河两岸十六局的总巡长。后在日俄战争爆发的过程中屡次和俄军交战，并且大胜俄军，后来被招抚为这一带抗俄游击队的统帅。他为人俭朴，身穿布衣，单娶一妻，在当地很有威信。徐与他建立了联系。徐锡麟想要招揽冯参与到他们反清的革命活动中，因为冯原本是马贼的首领，自然多次遭受清朝官员的围剿，而且是汉族人。而且徐锡麟十分痛恨俄国人，冯又多次和俄军做斗争，徐锡麟觉得他们有共同语言，他有把握能够劝动冯来投入革命事业中。

而且徐锡麟曾说，"我辈作事，要如水银泻地，有路必钻，必达目的而后已。"当时冯掌握着奉天的部分军权，要是能够拉拢到冯的帮助，那么他们的革命事业不可谓不事半功倍。尽管徐锡麟使尽浑身解数去帮助革命招揽人才，铺平道路，但是他的这次东北之行，并没有什么很大的收获。徐锡麟此次出山海关，过吉林、奉天，走西北边疆，查看了山川形势，亲眼看见日、俄在中国疆土上张狂角逐，愤愤不平，欲挥刀沙场"为国死"，更加坚定了自己的革命道路。

回到浙江后，徐锡麟想拜见浙江巡抚张曾敭，但是由于徐锡麟在日本时的一些行为引起了张曾敭的怀疑，所以张曾敭也拒不相见，不想帮助徐锡麟，引火烧身。徐锡麟在早期想要拜见的几乎所有官员，都拒绝了徐锡麟的请求，但是他却从不气馁，利用一切资源去寻找可以实现革命的最快方法。

徐锡麟无奈，所有的门路都走不通，现在可谓到了走投无路的状态，无奈之下，他只好回到安徽，遵从表叔俞廉三的举荐，到了安徽当了一个道员候补，后来几番致信俞廉三请求他帮助自己得到一些职务，经过俞廉三的帮助，他得到了武备学校副总办差的职位。

谋革命不易，当初为了达到反清目的，徐锡麟等人逐渐产生了"以术倾清廷"的思想，他们打算以捐官之法，使光复会的成员学习军事，乘机打入清廷内部"藉权倾虏廷"，以掌握军权。于是他向清廷捐了一个道员头衔，指分安徽候补。

1906年8月，安徽巡抚恩铭得到一封推荐信，信是他的老上级和老师，曾任山西巡抚的俞廉三写来的，再次举荐自己的表侄，浙江绍兴的徐锡麟。俞廉三和恩铭即是师生关系，看在老师的面子上，读过老师的信，恩铭给这个通过"纳捐"而获得道员身份的徐锡麟在安徽陆军小学安排了个总办的职位。

所谓纳捐，就是花钱买个官做，由于当时甲午战争，中国落败，清政府需向日本政府支付两亿三千万两的赔款，而由于当时清政府自己岌岌可危，国库空虚，根本无法补足这么大的国库漏洞，于是只得靠卖官鬻爵的老方法来填补国库的漏洞。

1900年，一个道员需要4700两银子，而徐锡麟就利用清政府的这个政府漏洞和他家境殷实的优势，通过他表叔的举荐，试图打入清朝体制内部，他成功了。

在赴皖前，徐锡麟曾回东浦拜别父老，亲友们纷纷向他祝贺，并且表示他从此以后就光宗耀祖了，听了亲友道贺的话，徐锡麟却没有露出喜色，他对这些亲友严肃地说："我不是想做官，只是为大家将来能过好日子。"听了徐锡麟的话，亲友们都没放在心上，只觉徐锡麟可能这番话的意思是他要做一个为百姓谋福利的好官，不会和清朝中的某些官员同流合污，贪污腐败，就连连称是，丝毫没有听出徐锡麟话语中的决绝和革命意味。

离家那天的早晨，天还没亮，家人都还睡着，徐锡麟默默地跪在父亲徐凤鸣的床前。他此番不顾性命去安徽，抛弃一家老小和父亲的基业，不在父亲母亲面前尽孝，只为民族大义，对于眼前这个年迈的徐凤鸣来说可能是不孝。他不在乎自己的性命，但是担心一向宠爱他，细心培养他的父亲被乡里的人所唾弃，所鄙夷，但是此刻他除了跪在父亲的床前，却一点办法都没有。他不能看着大厦将倾却视之不见，他相信父亲会原谅自己，他也只能在心中默默告诉自己父亲会原谅他，这样支撑

北洋水师战舰

自己走下去。徐凤鸣醒来后看见跪在床前的儿子，心中疑惑，徐锡麟眼中含泪草草地和父亲说了一句告别就离开了。

赴任时途经杭州，他和秋瑾等几个革命好友相约在浙江杭州西湖的白云庵共商大计。徐锡麟把他在浙江创办的大通学堂的工作交接给了秋瑾，他们商议由秋瑾负责浙江起义的筹办工作，徐锡麟则在打入官场之后，负责安徽那边的起义筹办工作。

这次把酒话别，徐锡麟信念坚定，心中却很沉重。看到西湖如此的美景，却丝毫无法解开他心中的愁绪和思虑。他明白此去安庆意味着什么，一路上将会遇到多少艰难险阻，将冒着多大的危险。但是他别无选择，此时中国内忧外患，革命党人却分散在全国各地，没有壮大的组织，没有具体的联络，只有少许小型的活动。此时的革命队伍还不够壮大，革命热情还不够火热，革命思想还没有得到广泛的传播，面对这样的现状，"我不入地狱，谁入地狱"。徐锡麟抛弃了他所拥有的一切，去做一场革命运动的导火线。他明白此去的风险，于是徐锡麟在离别时留下这样一段话："法国革命八十年始成，期间不知流过多少热血，我国在初创革命阶段，亦当不惜流血，以灌溉革命花枝，我这次到安徽去，就是预备流血的，诸位切不可引以为惨，而存在退缩念头才好。"他已经准备好，此番去安庆为了流血，他根本没有想过活着回来。

徐锡麟初到安徽，恩铭并不信任这个从绍兴来的操着一口绍兴方言，戴着厚厚眼镜的"书呆子"，即使这是老师推荐的学生，所以只给他安排了一个陆军小学堂会办的职务。陆军小学堂前身是武备学堂，培养目标就是造就具有初级资格的军人。根据清政府颁布的《陆军学堂办法》，陆军军官教育分为陆军小学堂、陆军中学堂、陆军兵官学堂和陆军大学学堂四个等级，而陆军小学堂处于最初级，招收的年龄最小，从15岁到18岁，而且人员也少，加上新增的学生总共只有124名。而且主要课程除了文化课之外，开设的图画、机械、操练和兵学都属于理论课程，学堂根本不给学生发枪械，所以这些学员根本算不上武装力量，而且徐锡麟身为学堂的总办，并没有过多的实权，这表明恩铭根本不相信这个老师推荐给他的道员，更不可能让他掌握军事力量。

但是徐锡麟并不气馁，反而认真对待这份工作，他每日督课十分严格，甚至下雨出操都陪伴学员一起进行，而且每到夜晚的时候，他都亲自巡查学堂，连学员厕所小便的地方，他都亲自前往检查。那时学生和老师都认为徐锡麟办事认真，心里十分敬佩他，又因为他能力突出，渐渐被恩铭所重用，于是就有了徐小道的称号，用这个称号表明他年纪小但是能力突出。

他在陆军小学堂任教的时候，最讨厌的就是世善，徐锡麟认为他居心险恶，遇到事情经常刁难别人。徐锡麟常常和他的好友凌孔彰说，世善是革命的敌人，这个人不除去，革命工作难以开展下去，于是他时时都在等待时机可以杀掉世善。有一次，徐锡麟邀请世善到他的宅邸饮酒吃饭，并在酒中下了毒药，世善不久就突然死去。世善年轻体壮，平素没有疾病，突然暴病而亡，一时间同僚都觉得很奇怪，但是他们都没有怀疑到素来谨慎做事，不与人为恶的徐锡麟的身上。

徐锡麟在担任陆军学堂总办的时候，因为从来没有沾染官场的陋习，竟然因此屡次被同僚耻笑，可见晚清官场的黑暗与腐败。徐锡麟想要拉拢学堂的学生，让他们成为革命力量，但却因为他的浙江口音本地学员几乎都听不懂，所以关系并不是十分密切。于是他郁郁寡欢，渐渐萌生回浙江的念头，他的同乡的同僚都劝他留下来。于是徐锡麟就屡次写信给俞廉三请求帮忙，调到一个适合他的岗位。俞廉三应了徐锡麟的要求，在信函中多次嘱咐恩铭重用徐锡麟，恩铭回答俞廉三"门生正欲重用之，勿劳老师悬念"。徐锡麟本人的精明干练和俞廉三的帮助，终于使徐锡麟得到安徽巡抚恩铭重用。

1907年2月，他到了安庆，到抚院报到，恩铭接见后，派他为安徽巡警尹，此时徐锡麟已经掌控了地方治安的警政大权。他小心逢迎，拜恩铭为师，在处事的过程中，渐渐得到了恩铭的信任，恩铭把他当作自己的亲信，于是又派他兼任巡警学堂会办，这时他得到了一批现成的训练较为完备的武装人员，他们都有着良好的枪支装备，这对徐锡麟的革命事业来说是如虎添翼。徐锡麟食清廷之禄，却时刻不改革命之志。

但是徐锡麟进入官场，身居要职的时候，他这样的行为却不能得到光复会成员的理解，陶成章和龚宝铨等人都认为徐锡麟的进展太快，这样急速的行动，迟早会引起清廷的注意。其中尤其是陶成章最为反对，但是徐锡麟却不为所动，仍然按照他心中的设想进行革命活动。这时，安徽没有光复会的组织，而且军界和学界支持徐锡麟的人也十分少。安徽只有众多小型的革命团队，其中芜湖有安徽公学，安徽公学始创于1904年冬天，刘光汉、陶成章、龚宝铨、张通典、段昭、柏文蔚、陈由己等人先后在这里讲过学，提倡民族主义，安徽人倾向革命的思想和行为在这里最早萌生。

此外徐锡麟到安徽时，张通典任芜湖中学的监督，安徽各处的革命党人也把这个学校当做聚会的地点，徐锡麟在安徽进行各项事宜也得到了这个学校的革命党人的诸多帮助。湖南人张伯寅当时居住在安徽，和徐锡麟几番攀谈之后，深感对方是自己的知己，两个人因此成为了莫逆之交。那时在安徽商量革命的重大事宜时，都借张伯寅在城内的大宅开会，安徽虽然没有成型的革命团体，但是还是有不少的革命人士，所以每次开会的时候安徽的革命人士参加，比如说兵备处提调胡维栋、马营排长常恒芳、督练公所学员龚镇鹏、孙希武等人。徐锡麟身处安徽，其余光复会革命党人都处于上海和绍兴，他在这里不得不步步小心，如履薄冰，而且徐锡麟生性谨慎，做事深沉，几乎从不表露他的心思和计划，又因为害怕光复会内部原本就反对他急于求成、过于激进的陶成章等人对他产生怀疑，做事就更加戒备小心。

徐锡麟在安徽半年时间里，对光复会的事务都没有进行宣传和推广，生怕在这里露出什么蛛丝马迹，影响到他们在绍兴的计划的实施，而光复会到安徽来帮助徐锡麟在安徽进行计划的也只有陈伯平和马宗汉两个人而已。而由于徐锡麟的谨慎，他对巡警学堂的思想宣传也进行得十分隐晦。

徐锡麟只在每个星期天的时候，聚集巡警学堂的教员学生进行爱国的演讲，他的本意是通过他的演说向这些学员和教员们灌输西方最先进的思想，让他们知道人人平等，不要再接受清政府的压迫，来让他们自我思考，开启民智。而他的种族大义也只是淡淡地透露在字里行间，并没有很明显地表露出来。校中的学员都很喜欢他们的校长在台上慷慨激昂地畅谈国家大事，但是他们只是从演讲中感受到他们对这个国家的使命感，让自己的鲜血沸腾，加紧训练报效国家，并没有明白徐锡麟想要表达的光复会的推翻清朝的深意。徐锡麟办事和秋瑾十分不同，那时，秋瑾主持大通学堂广招学员，并且将联系到的各会党头目和学员都纳入光复会，并且在宣讲时毫不避讳大谈革命道理，虽然会中事务管理不是很好，但是在秋瑾不畏人言的性格之下，绍兴地区的革命风气渐渐展露出来。但是徐锡麟条理细密，挑选入会人的步骤众多，审慎又谨慎。起初和安庆学界的同志因为关系不深都不敢同他们商讨机密，就算是光复会的旧友，除了在浙江的秋瑾等人，他也很少联系，生怕暴露身份，不过也因为这个使陶成章等人产生怀疑。这样的性格不同，处事方法不同，致使之后绍兴地区的大通学堂遭受官府怀疑，甚至在上海被查出有革命分子，而徐锡麟在安徽官场直到刺杀恩铭也不曾遭受任何怀疑有莫大的关系。

直到徐锡麟改任巡警处会办及巡警学堂堂长，并且恩铭为他奏请加了二品官衔，他才渐渐开始着手实行工作。那时两江总督端方防范革命党的力度很大，屡次致电安徽巡抚恩铭，让他一同协助通缉和抓捕革命党人，徐锡麟害怕日久生变，就密约秋瑾商议定下日期举事，并且邀请浙江广州和日本的光复会成员赶往浙江帮助进行革命大计。

四、以身许国，革命自有来者

　　1907年2月，徐锡麟与秋瑾约定在皖、浙同时举行反清武装起义。

　　1907年3月，清朝官吏收到举报，说有革命党人私自聚集在大通学堂，于是假借盘查仓谷的名义到绍兴密访，大通学堂的革命党人同时也收到了他们的据点被暴露的信息，马上将大通学堂的一切机密文件和枪械移到其他地方，待到清朝官吏来盘查时，已经什么都搜不到了，他们只好吹胡子瞪眼，虽然暗暗觉得事态不对，但是也拿秋瑾等人没什么办法，只好空手回去复命。

　　1907年7月，徐锡麟送走了他深爱的妻子徐振汉和儿子学文，他此番革命没有打算活下来，他在这个世界上最舍不得最深爱的两个人，他想保护他们周全，虽然他很想和普通人家一样沉浸在幸福的家庭生活中，但是想到还有那么多人生活在水深火热之中，自己如何能苟且自安。何况没有国，哪有家，他这样一想就毅然将妻子和儿子送走，自己开始专心准备起事事宜。他已经事先将妻子的后路想好，虽然他已经决定献身革命，但是却舍不得妻子与自己同死，他请友人为妻子和儿子做了套薄纱黑色官服，让他们冒充留学生，逃往日本。徐锡麟一生对妻子和儿子，甚至对陌生人都十分善良，经常慷慨解囊，保卫他们的周全，唯独对自己的生命并不顾惜了。

起义原定7月19日举行，却因为一会党人员在上海被捕，招供出革命党人的一些别名暗号，其中在革命党人中居最首位的就是光复会首领徐锡麟的别号——光汉子，两江总督端方当时即刻电令恩铭拿办。恩铭拿到那份名单后大吃一惊，最先想到的就是自己最器重和信任的徐锡麟，他马上令徐锡麟去着手抓捕这些革命党人，徐锡麟看见自己的别号赫然在首位，知道大事不好，再这样下去身份败露是迟早的事情，此时他又收到了秋瑾从绍兴的来信，信中说"浙江危机已露"，于是决定于7月8日巡警学堂举行毕业典礼时举义。

谁知意外一拨接着一拨发生，恩铭当时有个幕僚，名叫张次山，7月8日那天正好是张次山母亲的八十大寿，由于张次山跟随恩铭已久，给恩铭出过不少主意，为恩铭的仕途出了很大的力，再加上清末时朝廷官员们普遍对幕僚的重视，恩铭决定当日去张家给张次山的母亲拜寿，所以要求徐锡麟将毕业典礼提前两天，无奈起义只得于6日举行。

外援不至，准备未周，起义堪忧。

6日，天才蒙蒙亮，街道上店铺的门都紧锁着，整个街道都处在一种阴霾和肃杀的气氛下，徐锡麟和马宗汉一行人就起床急匆匆地赶往巡警学堂。他们迅速地把巡警学堂的学生召集在操场上，对他们进行流血前的动员和鼓励。

他站在高台之上，看着台下黑压压的学生们，看着他们亲手培养出来的骨干们，心中感慨万千。他扶了扶自己的眼镜，看着快要破晓的天边，心中感慨万千。

"我此次来安庆，专为救国，并非为功名富贵到此，诸位也总要不忘救国二字，行住坐卧，咸不可忘，如忘救国二字，便不成人格。"

他几乎是用自己的生命在说这样一番话，几千字说下来，几乎要热泪盈眶，字字泣血，句句慷慨激烈，让人不能不感到他对国家的爱和期望。

他平复了一下心情，接着说道："余自到校以来，为日未久，与诸君相处，感情可谓和洽。余於救国二字，不敢自处于安全之地位，顾有特别意见，再有特别方法，拟从今日发见。诸君当谅余心，务祈有以佐余而量力而行之，是余之所仰望于诸君子也。"他讲完就立刻下台了，准备着手接下来的开学典礼需要准备的事务。

他把满怀的希望都倾注于台下的几千学生中，却不知虽然他的这番言论慷慨激昂，以情感人，却通篇未提及半字的革命，实在隐晦得让人听不出，猜不透他的用意，睡眼蒙眬的学生们可能到现在还只以为他们平素敬爱的徐先生只是对此次的开学典礼表示重视罢了。一切的悲剧从这里开始。

上午八点，恩铭就早早地来到了巡警学堂，可见他对此次开学典礼的重视。不久藩司及以下的官员也陆续齐集于巡警学堂。上午九点，恩铭到临礼堂，这时所有的人都准备就绪，只等待恩铭打开手册点名。那时，徐锡麟率领着一众教习站在阶前，官兵两班学生列队整齐地站在阶下，官生首先向恩铭行鞠躬礼，恩铭答礼，当兵生准备向恩铭行礼的时候，徐锡麟此时突然走向前去，向恩铭行了一个举手礼，当时呈上毕业名册，口头报告了毕业官兵人数，随后说："报告大帅，今天有革命党人起事！"

听到徐锡麟的话，恩铭有点吃惊，谨慎地问道："你是从哪里知道这个消息的？"

这其实是徐锡麟、马宗汉他们谋事的一个暗号，听到这个暗号，陈伯平、马宗汉他们就知道徐锡麟决定现在就开始起义了。陈伯平一听到徐锡麟的话，就马上走上前就将事先准备好的炸弹扔向恩铭，恩铭当时吓得当场就站了起来。可是谁也没有想到的是，炸弹没有响起，看到这里，徐锡麟知道事情不好。

徐锡麟的心沉了一下，强行压下自己的惊慌，语气冷静地说："大帅不要惊慌，这个革命党人，我最终会为大帅将他绳之以法的。"

恩铭拍案高声说："在哪里？什么人？"

徐锡麟即应声说："在这里，就是我。"

徐锡麟马上俯下身子从靴筒中掏出事先准备好的两把手枪，左右手各握一只。

此时恩铭仍不敢相信，平素最听他的话的，他最器重最喜欢的学生，此时竟然拿着枪对着自己。他看着一脸大义凛然的徐锡麟，不可置信地颤声说道："你拿枪做什么，是想要呈上来让我看看吗？"

恩铭这句话话音没落，徐锡麟就朝恩铭连射数枪。

徐锡麟原本的计划是一枪打死恩铭，然后攻击恩铭左右的藩司，由陈伯平他们解决两旁的官员。可是徐锡麟是高度近视，自己并不知道是否击中了恩铭的要害，于是就向恩铭乱发子弹，陈伯平看到徐锡麟那边的动静，心中一慌，不明所以，所以也向那些官员们乱射。

但即使离恩铭的距离那么近，他连开了7枪，一枪射中了嘴唇，一枪射中了左手掌心，一枪打在了右侧腰部，但都不足以将恩铭置之死地。

此时恩铭左右的护卫才反应过来，随即簇拥着恩铭要将他带离这危险地带。巡捕陆永颐用身子护在恩铭的身前，挡着徐锡麟的流弹，身中五弹当场死亡。此时徐锡麟的手枪子弹都已打尽，他匆忙到内室去装填子弹，恩铭的左右护卫才得以将恩铭送出。

其他官员一起夺门逃命。

恩铭被藩司冯熙背进轿子，此时恩铭两只脚全部瘫软在轿外，奄奄一息，完全没有了早上时那种光彩。他在被抬出去时不甘地喊叫道："一定要把徐锡麟给我抓住!"

恩铭即刻被送往安庆教会医院由同仁医院院长、美国人戴世璜进行剖腹手术，此时恩铭嘴里一直念叨着"糊涂啊，我糊涂啊"，他怎么也不会想到自己一手提拔上来的得力干将竟然会在大庭广众之下要枪杀自己。

藩台冯煦命令所有人一齐集中到抚院。

他们集中在大堂后东边大厅里，忽然听见上房内哭声震天，又见戴世璜与拎着包的一行人匆匆走出，大家围上去打听消息，戴说："不中用了，身中六七枪，尤以右耳及腰部两颗子弹无法治理。"

看到由于守门的人不关门，导致官员们都从前门逃了出去，徐锡麟大怒，也不顾不得其他，将守门人击毙，就向外追去。在门外解决了几个逃跑不成的官员之后，徐锡麟、马宗汉他们回到学堂内部开始谋划接下来的举事事项。

此时学堂里的大小官员能逃的都跑得差不多了，只剩下徐锡麟、马宗汉、陈伯平和一群面面相觑不知所以的学生们。这时徐锡麟拔出刀，走到刚刚恩铭站着的临礼堂前面，拍着桌子大声喊道："恩铭老贼已经被杀死，我们接下去要去杀阻碍革命事业发展的更多反贼，你们快来跟随!"

学生一时不知如何是好。徐锡麟看了一眼台下的马宗汉，眼神示意时间紧迫。就马上拿着大刀走下高台，发号施令："立正，向左转，开步走。"

徐锡麟原本打算到抚署，但是听说事情发生之后，那边早就加强了戒备，于是又半路折回军械所，决定在那里补充枪支弹药，为接下来的战斗做好准备。但是，徐锡麟没有想到的是，他认为的革命主力军——巡警学堂的学生们，在恐惧的驱使下，在前往军械所的途中就逃逸大半，等到了军械所大门时，总共不过三十几个学生了。

军械所的守门人闻听徐锡麟一行人杀了巡抚恩铭，一路杀戮而来，早就逃得无影无踪。徐锡麟一行人只需解决了军械所中的大小守卫，就可轻轻松松地获得足够的枪支弹药，为接下来的革命做足充分的准备。

徐锡麟当下命令陈伯平守住前门，马宗汉看守后面，自己率领学生夺取枪支弹药。但似乎一切事情都进行得十分顺利的时候，令徐锡麟万万没有想到的事情发生了。

军械所里面的枪支子弹不知放在那边已经几年了，都老旧异常，由于没有保养过，根本不适合用来战斗。徐锡麟看着这大批大批空置的枪支弹药，想起了清政府一次次不战而降的大小战役，想起了战败后百姓的窘迫，想起了朝廷官员的苟延残喘，心里暗想自己今日所做决定的正确，但同时也为接下来的要面对的局面感到担心。

但是现实没有给他足够的时间用来感慨，此时门口已经聚集了大批的清朝官兵，徐锡麟一行人已被团团包围在军械所。徐锡麟当下命令学生将五门巨炮运出仓库，想要用这大炮开出一条血路，但是，他们没有想到的是，所有大炮装填炮弹的部位都缺少了一块机铁，这些大炮此时对于徐锡麟他们来说无异于一堆废铁。

　　原来清政府就是用这些不中用的大炮守卫着他们的子民，当那些官兵带着这些大炮出征的时候，就意味着清政府已经抛弃了他们，只是为了政府的面子做着无谓的表面遮掩。徐锡麟一言不发，静静地看着这五门冷冰冰的大炮，心里一阵阵的凉意。这些大炮上面沾过多少人的鲜血，我浩浩中国又有多少这样无用的炮弹，徐锡麟只觉得可笑，自己幼时心心念念想要进入朝廷，也的确在清廷待过一段时间，但他今天把命赌在这里的时候，才发现那些清朝官员的可笑嘴脸，他甚至都可以听到置办完这些大炮的官员们聚集在一起分赃时的邪恶笑声以及应付上级时的道貌岸然。

　　他今天又一次真真切切地认识到，清政府已经病入膏肓，彻底没救了。

　　门外又响起了那些清朝官员的叫喊声，大概是"徐锡麟反贼，你们已经被团团围住"这类的话，徐锡麟环顾四周，看到一路走来，虽然害怕但还是跟随他到这里的巡警学堂的学生们，想到马宗汉、陈伯平一路伴随的坚定神情，秋瑾在绍兴的一同努力，心想自己身上还背负着巡警学堂众多学生、光复会会员以及绍兴秋瑾等革命党人的期望，一人死何惧，但是他要为众多革命弟兄负责。

他当下立刻叫陈伯平杀出重围，到城外平常练兵的地方请求外援，此时，门外的大小官员看着大门紧闭的军械所也只能叫骂，平常从未遇到如此猖狂的革命党人，又加上清兵许久不作战，在徐锡麟一行人的震慑下，那么多的清兵竟只站在军械所门口叫喊，无人愿意进入抓捕徐锡麟。无奈，藩司们把悬赏金额提高到七千金，清兵才在利益的驱使下往军械所里面冲。

徐锡麟率领学生和清兵进行殊死搏斗，此时陈伯平那边也传来消息，城门紧闭，他们根本请不来救援，此时才是真正的困兽之斗。

枪声不止，杀戮不断。所有安庆的百姓都躲在家里不敢出门，整个城中到处都是叫喊声、杀戮声、枪弹声，从十二点到四点，连绵不绝的死亡声音响彻这个城市。

大约四点钟，陈伯平身中数枪，倒在了血泊中，为革命事业尽了最后一份力。马宗汉看到陈伯平的死，心中愤愤不平，咬紧牙关恨恨地对徐锡麟说："今日起义是失败了，但是革命弟兄不能白死，我们不如烧了这军械所，和那些清兵同归于尽。"

徐锡麟看着火光满天的安庆，厚厚的眼镜背后看不出什么情绪，他沉默了很久，说道："军械所离百姓所居之处过近，如果我们烧了军械所，恐怕全城都不能幸免于难，我们要杀的是狗官，反对的是残害百姓的清朝政府，不要连累无辜。"

马宗汉还想说些什么，但是看到徐锡麟坚定不容动摇的神情，叹了口气，冲上去和清兵进行新一轮的殊死搏斗，他想要和那些清兵同归于尽，徐锡麟对他摆摆手，淡淡地说："徒死无益，亟去犹可为后图。"

这是一场注定失败的战斗。

不久，清兵破墙而入，逮捕了受伤的学生们。

面对坚固的库房门，清兵却再也不敢前进一步，他们不知道放弃了大好前途的徐锡麟是何许人也，但是他们知道徐锡麟以一己之力已经把清朝官员吓得没有了反抗的勇气，这样勇敢无畏的男儿，没有胆小怕死的清兵敢去招惹。

布政使冯熙看着一张张胆怯病弱的清兵的脸，深感无奈，只好高声大喊："抓到徐锡麟的人奖赏万金。"这才有人自告奋勇，将库门打开。

可是打开一看，哪里还有徐锡麟的影子，只看见徐锡麟穿的军帽和戎装。

冯熙大叫不妙，立刻命令手下搜捕军械所，务必要将徐锡麟逮捕归案。

寻找了很久之后，才在军械第三重室内将徐锡麟擒获。

而听从了徐锡麟劝告"徒死无益"的马宗汉也在翻墙逃走时被擒获。

至此，令整个清廷震惊担忧的安庆事变才得以结束。

灰暗的牢房里都是伤者的呻吟，掺杂着空气里弥漫的血腥味和血肉腐烂的气息，一只只硕大的老鼠旁若无人地在牢房湿冷的地板上乱窜，伺机寻找熟睡过去的人来充当他们果腹的食物。徐锡麟已经被行过刑，身到处浸出了血水，有些伤口严重的地方，肉已经和衣服粘连在一起，恐怕一撕扯就连皮肉也撕扯下来。

没有人会想到出生于富贵人家的少爷，巡警学堂的副监督，满腹经纶的天之骄子有一天会被关押在这样暗无天日的牢房之中，但是徐锡麟却安之若素，似乎一点也感受不到身上的病痛似的，安详地坐在湿冷的地上，他在安静地等待他的答案，也等待着他的死亡。

他从来没想过活着出去。

几个狱卒过来拉扯徐锡麟，要将他带出去接受审判，他们大力地将徐锡麟从地上拽起来，行过刑的徐锡麟如任人摆布的布娃娃虚弱得没有一丝力气，但是唇边的那一抹微笑让前来带他的狱卒不寒而栗。

一会儿，人声又开始杂乱，几名士兵将徐锡麟反绑着押来了。

案桌之后，端坐着整齐地穿着官服的布政使冯熙，臬司毓朗和恩铭的抚幕张次山，他们和座下血肉模糊的徐锡麟形成了鲜明的对比。

“徐锡麟跪下。”

毓朗大喊，敲着手中的惊堂木，止不住的怒气。

徐锡麟抬眼看他，冷冷一笑：“你得意什么，慢走一步，你也是我刀下亡魂！”

毓朗大怒，狠狠地看着徐锡麟，几乎要把他拆分下肚。

徐锡麟看着毓朗的怒气，只觉好笑：“便宜你了，被你给逃了。”

毓朗当即想到当日情形，不觉冷汗涔涔。

“不过，”徐锡麟嗤笑一声，“杀了你也没用，你不值得我杀，不过是一个清廷的小喽啰。”

毓朗听闻又要动气大喊。

冯熙对毓朗眼神示意了一番，毓朗见状，整了整衣冠，面色不善地坐了下来。

冯熙看着徐锡麟，缓缓开口，“《左传》有言：封略之内，何非君土，食土之毛，谁非君臣？徐锡麟，你自负读过圣贤书，自然也是看过《左传》的，这几句话你应该是有印象的吧。我现在倒来问问你，你食君之禄，踏君之土，怎可犯上作乱，不忠不义呢？”

徐锡麟淡淡一笑：“谁食谁的毛，谁践谁的土？想我中华泱泱大国，却遭西方蛮夷铁蹄践踏，我所谓的君却无所作为，反而搜刮民脂民膏捧去给他们。是君食民的毛啊，是你们逼我们反的啊。”

冯熙看着愤慨万千的徐锡麟，一句话也说不出。

他明白眼前这个血肉模糊的男子是有一颗真真切切的爱国心的，但是这个惨败不堪的政府却屡次伤了他的心，他找了一个最激进的方式来拯救这个国家，企图用自己的鲜血去铺出人民幸福平等的一条路。看着面前这个神色镇定，面带微笑的年轻人，冯熙心中只有敬佩。

冯熙叹了一口气，缓缓道："大帅平时待你何等恩厚，何苦做出这样的举动呢？"

徐锡麟旋即止住笑容，义正词严地说道："平素恩铭待我再好，这也不过是私人的交情"

他叹了口气，接着说："我此番杀他，却是为了民族大义。"

"既然如此，你做副监督之时，经常可以拜见恩铭，为什么不在署中杀了他呢？"

徐锡麟仰起头，望向监狱之上的小小窗户，淡淡地开口："署中，是私室，学堂才是公地，大丈夫做事，当然要在众目睽睽之下行动，怎么能鬼鬼祟祟。"

话已至此，座上的几位官员心里都已明白。

徐锡麟此番杀恩铭，并不是同恩铭有私仇，却是为了他口口声声的"大义"和"革命"了，他于众目睽睽之下击杀恩铭，恐怕就是向那些胆小害怕清廷迫害的革命党人宣告，为革命不可贪生怕死，只怕从今以后，清朝官员再无安生之日了。

座上的几个人这样一想，背上顿时出了涔涔冷汗。

"你可还有什么同党，都速速招来。"

徐锡麟却闭上眼睛，像是没有听到那句话一样再也不说话了。

几位官员面面相觑，彼此都明白再审判下去，徐锡麟是绝对不会再说什么了，便也作罢。

此时牢狱之中不得安生，清廷之上也是吵闹连连。按照大清律法，徐锡麟此番作为要判的刑不过是立即斩首，但是恩铭的夫人是清朝地位显赫的公主，她听闻自己的丈夫被那样残忍地杀死之后，痛哭连连，咬牙切齿地说要把徐锡麟破心挖肝，供到恩铭的坟前才得以雪其心头之恨。而冯熙坚持不可，说斩首才是国法，挖心是私刑，不能因私废公，但是一起审议的官员都主张要先挖心再斩首的刑罚。最终在冯熙的强烈反对之下，决定了先斩首再挖心的刑罚。

案桌之下的徐锡麟正在地上吃力地写着供词。

冯熙见他写了片刻抬头询问旁边的官员："恩铭死否？"

官员厌弃地看着徐锡麟，敷衍地回答："大帅无恙，倒是你，将要被处以挖心的极刑了。"

徐锡麟看着他脸上幸灾乐祸的笑容，也轻声笑了出来。

"这么说，恩铭是已经死了。"他仰头大笑道，"目的已达，死无憾矣！"

旁人都惊讶于他死到临头还大笑，不知悔改。

却见他把笔一扔，拿起自己的供词大声念道：

"我本革命大首领，到安庆专为排满而来，做官是假的。本想杀死恩铭，再杀端方、铁良、良弼。乃竟于杀恩铭后，即被拿获，实难满意。"

他停了一下，目光炯炯地瞪向案桌背后的官员们："但革命党多，在安庆实我一人，助我者仅光复子、宗汉子二人，不可拖累无辜，冤杀学生。我与孙文宗旨不和，他也不能使我行刺。"

三司听罢徐锡麟的供词，不悦地说："你受过孙文的指示吗？"

徐锡麟大义凛然道："我从未受过孙文的影响。"

徐锡麟读完这些供词之后便一言不发，像是随时准备好赴死。

其他大小官员也无可奈何，只好草草将这次审讯作罢，其实这次审讯本就走走过场，在审讯之前，得知恩铭的死讯，徐锡麟就难逃一死，本想从这次审讯中得到一些其他革命党人的信息，好将他们一网打尽，无奈徐锡麟看似一副弱不禁风读书人的模样，但是实际上骨头却比什么都硬，软硬不吃。

例行审讯完，徐锡麟又被官兵拉扯着起来照相。

徐锡麟看着刚刚匆匆闪过的照相机的光芒，眉头一锁，心中不悦。

"再照一次。"他冷冷开口，"这张照片我面无笑容，不能留在后世。"

毓朗听闻，战战兢兢地说道："死到临头，你还笑的出来？"

徐锡麟大骂道："今天便宜了你一条狗命。"

毓朗顿时吓得面无人色，当时徐锡麟还被官兵抓得严严实实，这样一喝就把毓朗吓成这样，一方面可见清朝官员的胆小怕死，没有担当，另一方面徐锡麟在此次事件中的确震慑了清廷。

他拍完照片之后神色自若地说："功名富贵，非所快意，今日得死，死且不憾矣。"他已经做好了告别人世的准备，可以说他在决定走革命这条道路的时候就准备好迎接这一天。

可惜这样一个铁骨铮铮的汉子终究逃不过死亡。

1907年7月7日，经历了昨天的血雨腥风，安庆的街上还是笼罩着一阵令人害怕的气息，天灰蒙蒙的，街上的人也不是很多。

徐锡麟一身白色囚服，端坐在车上，他的背脊挺得笔直，头上插着亡命旗，他神情淡然，仿佛此刻不是被绑赴刑场，而是同平时一样出门游玩。

他看着两旁围观的民众，他们的脸上是迷茫，是热闹的兴奋，他们此刻或许并不知道，在刑车之上的是昨日为了民众利益英勇击杀巡抚恩铭的爱国志士徐锡麟，只是看见前方围了很多人似乎很热闹的样子，于是过来瞧一瞧；他们此刻或许已经知晓昨日之事与他有关，但只是心下愤恨打破了他们平静的生活，或者受清政府蛊惑，认为他是一个不折不扣的杀人犯。无论怎么想，对于徐锡麟来说都不重要，他做这件事是为了民众没错，但更是为了自己心中的信仰，民众不理解，总有一天会理解，只要他坚信心中的信仰是对的，只要之后的革命党人同他一样前赴后继，那么总有一天这些围观的民众会明白，会想起曾经有这么一个人为他们流过血，抛弃了很多，会加入他们的革命事业当中，为全中国的幸福平等而奋斗。

他这样想着，突然睁大了眼睛，大声疾呼："我今在此流下一滴血，势将开花结果。必有无数革命志士踏着血迹而来！推翻专制统治，光复华夏，为期不远了！"

他相信在围观的群众之中，一定有他的学生，他也相信真正有信仰的革命党人是会听懂他这样一番话的。他闭上眼睛，仰头面向天空，深吸了一口气。他当时只身一人前往安庆时，曾对秋瑾说，他不怕流血牺牲，他只愿用自己的鲜血灌溉革命的花枝。一步步走来，他没有胆怯，没有回头，坚定而又快速地前进着，今天虽然坐在这囚车之中，接受着民众的唾骂或赞扬，但好歹也不辜负自己一颗初心了。

他心满意足地微笑着。

旁边很吵闹，虚弱的徐锡麟被官兵拉扯着从囚车中拖到行刑的地方。监斩官，安庆府同知志瑞大声喝道："徐锡麟还不下跪！"

徐锡麟被缚双手，吃力地抬起头，鄙夷地望向他："我如何能对尔等下跪！"

他昂着头，身子站得笔直，看着对方嗤笑一声："今天便宜了你。"

刽子手也无可奈何，只得看向监斩官，等待他的指示，只见监斩官听到徐锡麟的话，吓得直打寒战，连话都几乎说不出口。许久之后，他才命令刽子手将徐锡麟马上处死。

刽子手一把就将徐锡麟的头砍下，鲜血如泉上涌，鲜血顿时流满了一地，整个东辕门外满是血腥的气息，刑场上的官员和围观的民众顿时脸色一变，谁也不敢出声，整个刑场此时如死亡一般沉寂。

那一天被很多人记住，也许有人记得那一天也只是因为清政府对一人的残酷刑罚，人们更应记得一个人从二十岁起，一心一意为了光复华夏，为了百姓幸福，他从此奔赴在革命的道路上，头也不回地踏上这条流血牺牲之路，或许他不那么固执，可以如他的祖父一样成为一方乡绅，富甲一方，或许他不那么执拗，能够待在教师这个岗位上教书育人，桃李天下，或许他不那么坚决，他能够成为朝廷之上侃侃而谈的大员，从此"光宗耀祖"。

但是，徐锡麟选择了这样一条路，从此成就了他不同于任何人的传奇一生。

1907年7月7日，徐锡麟卒，年仅三十四岁。

而马宗汉被捕后，假称"黄复"，被投入监狱，囚禁五十天，遭受了清政府的严刑逼供，但始终不曾出卖他人。

1907年8月24日，马宗汉就义安庆，年仅24岁。

1907年7月，徐锡麟刺恩铭事发后，清朝官吏马上严密搜索追究他的同党，开始大兴党狱。约定19日起事的秋瑾得知徐安庆起义失败的消息，但她拒绝了要她离开绍兴的劝告，表示"革命要流血才会成功"，于是出了银钱遣散大通学堂的老师和学生，自己则毅然留守大通学堂。

14日下午，清军包围大通学堂，秋瑾被捕。在狱中她同徐锡麟和马宗汉一样，受尽严刑拷打也未曾吐露半字关于其他革命党人的消息，只写下一句之后在历史上著名的"秋风秋雨愁煞人"。

7月15日凌晨，秋瑾从容就义于绍兴轩亭口，时年仅三十二岁。

浙皖起义失败后，章太炎曾作有《徐锡麟陈伯平马宗汉秋瑾哀辞》为之悼念，光复会创始人之一陶成章在《浙案纪略》中说："浙江所以多义旅者，宗汉与有力焉"，对徐锡麟、马宗汉和秋瑾等革命党人评价甚高。徐锡麟虽然去世了，但是他教过的学生，与他共事过的革命党人却因为他而燃起了更高的革命热情。他将革命思想传播出去，并影响到一大批青年学子。

辛亥革命以后，徐锡麟、马宗汉、陈伯平三烈士遗体合葬于杭州西湖孤山南麓，与西泠桥旁的秋瑾烈士墓遥望相对。后来修建了一个辛亥革命纪念馆，徐锡麟的衣冠冢被立在这里。

走进大门，徐锡麟，秋瑾等烈士的巨型石像出现在你眼前，他们的英勇不屈，他们对革命的热情，他们对新中国的希望，他们对这个世界希望和话语穿越历史而长存，他们的精神永远矗立在这里，遥望着蓬勃发展的中国，露出欣慰的微笑。

后记

如今我们已经看不到战争的硝烟，看不到纷飞的战火，看不到破碎的家庭悲欢离合，看不到血腥的战场横尸遍野。很多战士已经悄然离世，很多将军早已解甲归田，多少革命志士已经佝偻了背脊，多少英雄壮士已经斑白了双鬓。正是在清政府的富贵面前徐锡麟对革命信念的坚持，正是在行刑路上徐锡麟对革命宣言的不断高呼，正是在刽子手的钢刀之下徐锡麟的含笑不屈，才给了后续千千万万的革命党人对革命信念的坚定，给了他们以自信和希望，给了他们以前进的动力。也在黑暗中给了探索救亡图存的革命道路的无数革命党人光明和方向。

徐锡麟死了，但是他还活着。他活在每一次的革命起义中，活在每一个革命炮火燃起的地方，他鼓舞了千万革命者向前探索革命的道路。

徐锡麟的一生比起大部分人的一生来说精彩太多，他也比同时代的许多人活得清醒，活得有意义。他明白自己想要什么，摆脱了封建思想的禁锢，为了达到救国救民的目的，甚至不惜自己的生命。或许是他善解人意，懂得站在他人立场思考问题的天性，或是在后天成长过程中他逐渐接触到民间疾苦而养成的社会责任感，让他走上了一条与众不同的道路。

回顾他的一生，人们会为他自己选择的道路感到震惊。毫无疑问他是个幸运儿，有着良好的家境。如果他愿意，他可以继承他父亲留下的产业，成为一个成功的商人；如果他愿意，他可以在绍兴学府一直教学，用他的学识成为当地最受人敬仰的老师；如果他愿意，他可以在安徽的官场中一直往上爬，加上他的家境帮助和他自身的努力，成为一个显赫的高官；他甚至可以什么都不做，吃穿不愁地过完一生。以上这些道路他什么都没有选，他选了一条最艰难的道路，甚至要付出生命的道路，但是他走得坚定且不悔。因为他知道在那个时代，商人、老师、官员都拯救不了这个腐朽的政府，他可以在这些岗位上让自己变得成功，却对他的国家一点帮助都没有。他选择这条注定流血的不归路，他心中早已清楚结局，但是仍然欣然前往，仅仅是因为他心中有希望，有信仰，他深信中国人不会一直沉沦下去，有一天他们会苏醒来一同拯救这个国家，而他就要做那个唤醒大家的人，他想用自己的鲜血和惨死来惊醒世人。他心中有家，有国，有社会责任感。

徐锡麟虽然牺牲了，但他的牺牲是有价值的，他高尚的人格精神和他的革命功绩一起，都在历史上留下了浓重的一笔。

重新回顾徐锡麟的一生，他的爱国主义精神和人格力量，必将焕发出更为璀璨的光芒。

延伸阅读

韩信登坛之对、诸葛亮草庐之谈、王朴平边之策论

豪杰之言，不苟出焉，必言之可行，而后言也，必遇其人，而后为恺切致陈者也。

尝观石受铁击则生火，水受月激则生潮，非常之人必受非常之遇则生感，感则忠勇之说，报答之谟，安全之计，不觉油然而 生，此千古良将良相所类然者也。

韩信感沛公斋戒之诚，而出登坛之对；诸葛亮感先主下顾之恩，而出草庐之谈；王朴感世宗致治之心，而出平边之策。之三人者，皆有大过人之智，超人之勇，越人之才，而非若贾生之侈语治安而蒙诮，李郭之高谈功业而被讥也。

试即其言而平论之，韩信之对沛公也，知沛公之必能用其言也，其说项王之勇悍仁强，为沛公所不及，而复言项王为匹夫之勇，妇人之仁，而决项王必不能得天下。教沛公东行之

举，以定三秦，此韩信知己知彼，百战百胜之长技，即此发端者也。又告以任天下武勇，封天下功臣，兴天下义兵。此数言，尤彰明较著，大可服人以收军心者也。若诸葛亮草庐之谈，从容坐论，依然有莘野风，非韩信所能窥其项背，而王朴无论已，然其感遇以为知己用者则一也。其言曹操，据众以挟天子，令诸侯，不与争锋者，量力也；言孙权，国险民附，贤能为用，可援不可图者，度德也；言荆州为用武之国，可和戎而抚夷，交邻而修政者，据形势以定大局也。儒生不出户庭，而天下安危如其指画。窃于武侯得之，其鞠躬尽瘁，死而后已之心，已早遇此谈中也。至于王朴献策以邀上览，虽不能如登坛之对草庐之谈，而其自强之言，诱敌之说，非不足以动人听者也。先论中国之失，探源之意也；继论避击之法，兼并之术也；后论引兵江北，伺间而动者，即用兵不嫌于诈之旨也。

合三说而观之，则韩信为国士，诸葛亮为王佐，王朴为强臣。用国士之言，足以开国，用王佐之言，足以正统，用强臣之言，足以御敌。王佐者，治一统之世尚焉，国士强臣者，治列国并争之世尚焉。三人之言，皆有可行，然使韩信不遇沛公，诸葛不遇先主，王朴不遇世宗，亦断不肯轻出其言，以邀天下之听，则韩信以匹夫老，诸葛以韦布终，王朴以具臣毕其职。

窃观三人之所以立说，御侮而不禁动念当今之时局也。当今外患猖狂，日盛一日，俄横于北，其势负隅不可攻也；德肆于东，其兵强劲不可敌也；英法并峙于西南，一据缅甸以窥永昌，一据越南以临蒙自，有挟而求不可击也；惟区区意国窥我三门，其兵权牵制于英，其议院不合于说，中国正可藉此以宣兵威者也。韩信之对，则曰定三秦；诸葛之谈，则曰取荆州；王朴之策，则曰攻江北。为今之计，则莫如联日本以伐意国。保国之要，则在御患，御患之术，则在人才。中国河流岳峙，灵秀所钟，大地之中，岂真无韩信、诸葛、王朴其人者？是所望于知人人也。

言伪而辩、学非而博以疑众论

言伪者自为伪，而天下未有不恶其言之伪者也；学非者自为 非，而天下未有不斥其学之非者也。是故伪之乱真也，不自为伪 而为真；非之淆是也，不自为非而为是。

伪者以不伪为伪，非者以不非为非，而又恐天下之目为 伪、目为非，则以辩博惊天下。而天下之惑其言者，非惑于伪也，惑于辩也；天下之好其学者，非好为非也，好为博也。迨至习染既深，天性日漓，邪说日炽，群焉不知其为伪为非，民心由是变，风俗由是坏。嗟呼！圣人之正言正学，则几如长夜矣。

然则言伪不足患，言伪而辩乃足患；学非不足忧，学非而博，乃足忧。故不仁不义之言祸犹小，而假仁假义之言祸实大；不忠不孝之学害犹浅，而假忠假孝之学害实深。此王制所以斥其疑众，不听而杀者也。

尝综古今之大势论之，帝王之御众也，典分为二，谟列为三，言简而赅，所以防伪也。危微之旨精一一理，学约而密，所 以杜非也。由唐而虞，由虞而夏，由夏而商周，列圣相承，异言异学，不得争鸣。降及春秋，学非似是，称闻人者，如少正卯，足以疑众，而孔子诛之，此亦千古除害之一大快也。自孔子殁，诸子兴，百家出，正言不行，正学不立，如公孙龙子之白马非马，庄子之非马喻马，皆所谓伪而辩者也。如墨氏之兼爱，老氏之广济，皆所谓非而博者也。迄于汉宋以后，谈性理者，则从宋 儒焉，其术长于言，然其弊则有同说一理，或言居敬，或言主静，往复辩论而不合者，其势必至于伪而辩。矜训诂者，则从汉学 焉，其术优于学，然其弊则同解一经，或学流穿凿，或学入支离，布帛粟米之争训者，其势必至于非而博。然此之辩博犹可言也。

不料以至于今，积天地之戾气，而生一大逆不道之人，其言也豺狼之言，而姑托尊君以动人听；其学也顽固之学，而冒为谨慎以缚人心；无知之众，不察其真伪，不辩其是非，而反群相附和，以不伪为伪，以不非为非。

呜呼！真伪不分，是非倒置，簧鼓日久，兵祸随之，此养痈之所以为患也。君子曰：此人不杀，人心一日不靖，天下一日不安。

生财有大道，生之者众，食之者寡，为之者疾，用之者舒，则财恒足矣议

尝读《大学》至生财一节，其足国之道，与后世财政相表里。可知圣贤立言，实先万世而示之准。其曷云大道，盖统上下古今华夏蛮夷之国，而不可易之道也！曷云有大道，盖此道为天地应有之道，而非若矫揉造作三术也。

大道之纲领有四：一生众，二食寡，三为疾，四用舒。生众即后世重农学、兴矿务之政；食寡即后世汰冗员、裁胥吏之政；为疾即后世设机器、讲制造之政；用舒即后世定预计、立岁表之政。

试先即生众以释其义，曷言生？盖穷利于地，而增添大地上曾未有之财物也。是故此国之财，流于彼国，则非生；在下之财，供之在上，则非生。其生之之派有二，一农学，一矿学。农以养民之生，矿以足民之用。农宜弃旧器，用新法，推穷物理，相度土宜，辨别种植，则于地内一分之质，即于地上多一分之财。矿宜察矿苗，炼矿质，凡金银铜锡煤铁之属，用化学以阐其理，则于地内生一种之财，即于地上增一种之利。后世蛮夷之国，专以通商为务，开商埠，竞商战，特其末耳，非世界进化之极点也。故计学家之分派，以务农者为端本，讲工贾者为逐末。盖生之之道与地争，不与人争也。《大学》言

生而必系之以众者何？盖众者合群之意，即团体之谓也。合数十人之群，而成一小团体，合千万人之群，而成一大团体，合五大洲各国之群，而成一尤大团体，而合群之宗旨，盖在通力合作，严禁游惰而已。通力合作，则农学之会可立，严禁游惰，则开矿之厂宜设也。此即生之者之关键。

然生之者既得其道，而官吏不严加裁汰，滥竽充数，剥蚀者多，则糜费巨，而为害甚，非理财之道也。是非汰冗员、裁胥吏不可。冗员何以汰？凡在省会之中，已有管理之员，而又设一管理者，虚糜之费，何可胜计，则重设之员可汰；名为教育，实无教育，学术之衰，实由于此，则有名无实之员可汰；一县之中，已设一令，举凡佐令之员，皆为虚设，则佐令之员可汰。古之服官，为行道计，今之服官，为谋食计，则簪缨之路，皆为垄断之门，不学之徒，贼民非浅，则一切才不胜职之员可汰，则课吏馆之所以设也。至于胥吏，则贻毒更甚。豺狼出没于山，而樵者裹足；蛇蝎蜿蜒于地，而行者寒心。衙署之有胥吏，犹山中之豺狼，路旁之蛇蝎也。蛇蝎尚不夺人之食，而胥吏则百端需索，为害闾闾。国家何忍以手足勤劳之食货，而供豺狼蛇蝎无厌之取求也，则警察局之所以行也，食寡之道不外乎此。

特所食者寡，而所为之人亦少，所为之人少，则天下之器不敷天下之用，奈何而可？曰有机器以代人力，一具机器可代数人或数十人之力，百具机器，可代数千人或数万人之力，且合众小机器而成一大机器，则速力加增而出货较捷，故曰为之者疾也。为何义？动作之意也。疾何解？增速之谓也，此盖据制器而言。而吕氏云：不夺农事，则为之疾矣。此言未当于理，恐圣贤之旨，不若是之迂曲。蒙得一言以解之曰，讲求机器，则为之疾矣。或曰孔子之时，航海之路未通，互市之风未辟，何有机器之入中国？不知圣人逆料后世必有以机器代人力者，故先出一言，以明其理，而特为有国家者告焉，此为疾之义也。

然制造机器，所费每数百万，国家有此巨举，所用不敷奈何？曰有权入为出之一法，即后世所谓定预计、立岁表是也。定预计若何？预计者，于未出未入之先而预计国用也，某项之入几何，某项之出几何？统全国之用而合计，必使入多于出而后可。此谋用之要津也。立岁表若何？盖今出入之数，与前出入之数，两两相较，款项之有无增减，为用之有无多寡，利可兴则兴，弊可革则革，此理财之枢纽也。夫而后内帑充盈，度支费绌，而谓用不能舒，未之有也。

用舒之景象，如泉源之滚滚，如杨柳之依依，如轻裘缓带，长舞于空中，如春日和风，飘扬于大地，有畅满之气象，无跼蹐之形容。释舒之义，大略如是。

是可知生众、食寡、为疾、用舒之舒，实百世同源之舒。古人言之，而达其理，今人行之，而收其效。苟其相守勿失，乃世世子孙长享之利也，故曰恒足。世有以财用不足忧者，盍于生财数语，作经国之策读也。

很石赋

（以很石犹存事可寻为韵）

出跨鳌门，登演武之场，近甘露之苑，有亭翼然，势作盖偃。中蹲片石，历年久远，厥状甚奇，如羊之很，起榜标题，昔贤胜迹，大书其上，武侯遗石，用以劝忠义，决筹策，异虾蟆石之赴池，非猢狲石之倚壁。人世浮沤，光阴若流，问古今兮几易，何兹石兮常留。昔之土掩沙埋，雨叹烟愁，林莽翳影，莓苔乱秋，徒使吊古临风怅望，落日夷犹，而今则平芜牧野，浅草古原，寻来蔬圃，卧此云根，一拳荦确，块然尚存，土花不蚀，荒藓无痕，如羝之而欲起，李广射之而不奔。慨夫赤壁鏖兵，荆州借地，始则一心，继则异志，岂但石马出而当涂运衰，石头破而楼船风利，即枭矶潮怒，难招入蜀之魂，白帝城高，未遂吞吴之计。徒见北固山青，南徐树翠，汉月霄凉，蜀江春腻，抚此石也，又何暇问拒战之谋，谋兴亡之事哉。惟诸葛君以伊吕之才，解孙吴之祸，决胜运筹，替否献可。想纶巾羽扇之从容，与桑盖紫髯而兀坐。而是石也，半没草痕，闲眠蓬颗，夕照斜横，野烟低锁，湮篆蜗蜒，暗飞萤火，犹足动诛奸斥伪之思，而叹余风之未堕。爰为之歌曰：

狮子今安在，雀台不可寻，亭中留很石，悠悠千载心，江山不管前朝迹，落叶西风秋满林。

《春秋》书灾异不著事应解

圣人言理不言数，而数即在于理中，天地之有灾异，亦理之自然者也。《春秋》一经，书灾异最多，书日食三十七，不雨七，内外大水九，地震五，山崩二，无冰三，震电二，雨雪大雨雹各三，大旱二，凶年七，虫灾总十八，以及星灾物变等事，并不明著事应。盖以圣人之至公至正，笔削皆为实录，必不肯附会强合，以贻后世隐怪之口实者也。或谓隐公元年二月日食，于三月有天王崩之应，然何解于桓公三年之日食？或谓文公十三年秋不雨，而即有大室屋坏之应，然何解于文公十年之书不雨？或谓成公五年秋大水，于冬十一月有天王崩之应，然何解于桓公元年之书大水？他若地震山崩等灾异，亦皆有应有不应，盖其应者，亦偶然耳，圣人非有意于应事而书者也。盖以不祥为灾，反常为异，亦天地之气运使然，不过少见焉耳。窃谓后世不明圣人作经之旨，以日食为伤阳，月食为伤阴，五星之顺逆为吉凶，彗星之隐现为祸福，山崩地震为不祥之兆，一若休咎可以预知，而事应有历历不爽者，此术家所以为孔子之罪人也。

致知在格物议

自《大学》亡格致一篇，而格致之义久晦。诸家聚讼，说如烟海，而惟朱子之言近是。然朱子释致知可已，而释格物犹未详也。其言格物，谓穷至事物之理，欲其极处无不到。夫物无极也，物无外无内，物以外有物，外之物又有物，则谓无外之物，而物无极。物以内有物，物内之物又有物，则谓无内之物，而物无极。物爱物，物物而合为一物，一物又有爱物，而物无极。物离物，一物而分为物物，物物又有离物，而物无极。朱子言欲其极处无不到，虽圣人亦难也，然则《大学》言物何指？吾身所接之物也。言知何？指吾心所存之知也。知必言致者何？以吾心所存之知，推究而不使尽也。物必言格者何？以吾身所接之物，发明不使晦也。致知而必在格物者何？一物有一物之理，格一物即增一物之知，物不格而物何由知，物不知而知何由致，则致知在格物者以此。此即圣贤切己之功，而非泛骛无归者比也。

强恕而行议

　　人必知天地与行星为一类，而后可语造化运行之理，彼沾沾品焉，自域于地者，无当也。人必视吾心与万物为一体，而后可语儒者公正之道，彼片片焉，自私其心者无能也。《孟子》七篇，而曰强恕而行，恕者如心也，吾心如万物，万物如吾心，知万物如昏心，而吾心不容拂万物，万物合而为吾心。万物之欲，如吾心之欲，万物所恶，如吾心之恶，欲万物之欲，欲如万物，恶万物之恶，恶如万物，则是行恕之道。如吾心以及万物可，如吾心之所欲所恶，以及万物可。而孟子必曰强恕者何哉？盖人之气质，各有不同，不思而得，不勉而中，惟圣能之。下则当勉强行道，勉强于一时，则增一时之功，勉强于一日，则增一日之功。如勉强 行路，由迩而远，必历其程；如勉强登山自卑而高，必至其巅。勉强不已，终非不行。强恕于心，心发于身，由身而家，则一家如吾心。由家而国，则一国如吾心。由国而天下，则天下如吾心。此行恕之极功也，而其始要归于勉强而已。

　　所谓勉强行恕者，如万物利害之交，利者人人之所欲，害者人人之所恶。天下事往往有因己之利而贻害于人者，如勿以人之所恶，而赔害于人，则必去己之所欲，而逊利于己。逊利于己，非人情所本愿，而必强制焉而后可，故曰强恕而行。

小不忍则乱大谋论

　　姑息者，养奸之大患也；轻躁者，速亡之大祸也。是故刑一豺虎，仁及兽也，杀一鸱枭，仁及鸟也，戮一神奸巨蠹，仁及万民也，此天下之大仁所能忍也。抚剑疾视，无勇也；拔山盖世，伤勇也。以一朝之忿，兴百万之师，非勇于御敌也，此天下之大勇，所以贵忍也。忍则大疑决，大事成，可诛则竟诛，不缓图以误国，欲动不妄动，必量力而兴兵。操千古之戮，即可称千古之大慈，受千古之大辱，即能享千古之大荣。否则以不忍为仁，纵容盗贼，中原时局，祸及崇朝矣。以不忍为勇，妄举干戈，百万生灵，血流原野矣。嗟乎！涓涓不塞，将成江河，耿耿不灭，燎原其奈何，始不忍之心，小焉而已，以当大谋无关也。不知一念之差，蔓延海内，一时之误，害及千秋，其毒愈积而愈深，其祸愈激而愈烈，此养痈所以有溃败之忧，卤莽所以招灭烈之衅也。孔子曰"小不忍则乱大谋"，斯足为万鉴矣。故其摄相于鲁，诛少正卯，谋之仁也；弹琴于匡，不以力争，谋之勇也。仁也，勇也，成之于能忍者也。

　　夫天下之忍者，不惟孔子有然，此古今之具卓识灼见者，何独不然。周公之讨兄，孟子不以为过，石碏之杀其子，左氏不以为嫌，谓其忍以成仁，全大节也。勾践之复吴仇，迟之尝胆卧薪之后，管仲之甘囚辱，著其一匡九合之勋，此皆忍以

116

养勇，图大业也。所以武王伐纣，君子以为仁，太王事狄，君子以为勇，古人有鉴于不忍之乱谋，而寓仁于厉，寓勇于怯者也。奈何时至今日，内忧作矣，外患乘矣，人心动矣，社稷危矣，溯其祸之首，罪之魁，皆由不忍者之有以致此。为今之计，在因循纵贼，冒昧图事，固难辞不忍之讥；而坐视危亡，甘心和戎，亦难免不忠之诮。吾大声疾呼以告天下曰：临事而惧，好谋而成，百将一心，三军同力，内以灭贼，外以却敌。

礼义廉耻国之四维论

今试问包六合，统八表，天之常静而不易者何也？曰：有维也。曷维乎？维之于极也。振河海，戴华岳，地之荡而不坠者何也？曰：有维也。曷维乎？维之于日也。黄种、白种、黑种、赭种之民，各数百兆，自立其国，而其种不绝于宇宙间者何也？曰：有维也。曷维乎？维之于礼义廉耻也。礼义廉耻，国之本也，亦民之本也。自古未有本不立而能治也。无源之水，必不能大，无根之木，必不能久。有民则有国，无民则无国。佛教不行于大弛，生民不绝于万国，民存而礼义廉耻亦存，故元会十二万年而三大变，而礼义廉耻无可变；地球八万余里而五大区，而礼义廉耻无可区。礼义廉耻，民本然之性也。本然之性不能复，非民之咎，咎在牧民者也。如火者，日之本也，而不知用阳燧以取之，而火不出也，不得谓日之无火也。水者，月之本也，而不用方诸以津之，而水不下也，不得谓月之无水也。礼义廉耻者，民之本也，而不有牧民者以鼓励之，激发之，而礼义廉耻不生也，不得谓民无礼义廉耻者也。有天地即有生民，有一日生民，即有一日礼义廉耻之心，有一日礼义廉耻之心，即有一日存国之日。放诸东海而准，放诸西海而准。则虽毛黑方津之族，侏儒左衽之徒，其俗虽异，其立国之道则同。其同焉者，以其皆有礼义廉耻之存于其中也。故极盛之国，而礼义廉耻则亿兆人维之，极乱之国，而礼义廉耻亦必有一二人维之。即如商纣之世，不治甚矣，而尚有守礼如箕子，秉义如比干，廉耻如夷齐，此人类之不绝于万国者，以有四者以维之也。

或曰：此四者，可以废一以立国乎？曰：不可也。四者如人之有四肢，折一肢而三肢不安；如岁之有四时，缺一时而三时不调。无礼则国体不尊，衣冠而牛马也；无义则国法不彰，犯上而作乱也；无廉则国贫，鹰瞵虎视，残忍而灭亡也；无耻则国辱，华胄而奴隶，丈夫而妾妇也。嗟乎！有一于此，国未有不丧；有一于此，国未有不亡。故曰：礼义廉耻，国之四维。谓予不信，请读《管子》。

卫文公通商惠工论

自中外互市以来，门户洞辟，中国之利源，日流于外域，中人之膏血，日耗于外洋，呜呼！此卫文公通商惠工之法之宜讲也。卫自懿公好鹤，结怨于民，守御无人，为狄所灭，卫其殆矣哉。文公集遗民，立新政，以为欲富国，必通商，欲强兵，必惠工，元年革车三十乘，季年乃三百乘，此通商惠工之明效也。是商务工政，实中兴之秘策，自强之要图，文公其明证矣。我中国亦仿此法，何致有民贫国弱之慨哉！

或曰时势不同也，当文公之时，海运未通，贸易皆在内地，而依赖者，有伯舅之国。今风气大开，东西洋各国，挟奇技，夸机巧，竭心智，炫利器，以夺我财源，枯我津液。我中国势孤力薄，安得禁各国之不病我哉？准公法理，入口之货少于出口之货，则无害；入口之货等于出口之货，亦无害，入口之货多于出口之货，则大害。查西人入口之货，莫如烟布。数十年来，漏泥不可胜数，欲禁止而不能，其获利之多，日增一日。洋烟入幻，近有六十余万之数。至于布，则为害更深。向来织布，华人皆恃人工，而西人独用机器，我之劳，不若彼之逸，盖因机器支本甚多，非百余万金不可，华商欲筹巨款，其势甚难，故土烟各 省多种之，而织布机器局，了了可数。此中国之大可忧也。中国出口之货，莫如茶丝。丝之出口也，始于康熙二十一年，茶之出口也，始于康熙初年。向来丝茶之利，惟中国所独有，今则茶市坏矣，而丝市之坏尤甚。查近日茶叶之销于外洋者，不过十分之四，每年皆有存积。原其故，印度、日本之茶，皆售于西人，而华商之茶利，所由微矣。至于丝则泰西诸国精究养蚕之法，而出口甚多，且缲丝则用机器，较中国为甚便。中国亦间有行之者，本少力薄，动多掣手，工商之利几为彼所独据矣。

不知外国之商务工政，我不能阻其日新，而中国之商务工政，我不妨力图自强。商务工政相表里，我中国苟行文公通商惠工之法，集会巨商，奖劝工艺，则利权不致为西人所独揽矣。于中国多兴一分之利，即于外国夺回一分之权。如纺织用机器，卿洋布洋沙洋毡洋罽之进口自少矣；如开矿用机器，则洋铁洋铜洋船洋煤之无人顾问矣；如精求制造，以兴船政，熟试测量，以准枪炮，则开花弹铁甲船，皆不必购之外洋矣。凡有新制之器，酌定年限，准其一人沾利。此实通商惠工之大政，数年后人才辈出，艺术各呈，中国四万万种之秀灵，岂真不敌鬼域豺狼之智哉！

越王勾践论

志不郁不奋，力不屈不伸，国不弱不强，事不败不成。土脉一动则生雷，铁石一击则生火，羞恶一激则生愤。愤则励，励则忍，忍则竞，竞则血性起。血性从一人起，则血性之感动天下者薄，而以之复仇则有余；血性为天下起，则血性之团聚天下者厚，而以之保种无不足。勾践者，血性人也，血性为一人起，不为天下起也。不为天下起，而惟知雪一人之耻，享一人之荣，擅一人之权，保一人之位，而天下之利害，皆不顾。故其吴仇未复之日，血性凝敛，而卧薪尝胆以为安，于吴仇既复以后，血性涣激，而戮功诛良以为快。

论人者，谓勾践之有血性则可；谓勾践之血性，与天下相维系则不可。何则？勾践立志虽忍，而居心不正，自古未有居心不正之人，而能长治久安者。所谓飘风不终日，骤雨不崇朝也。越之霸，勾践为之，越之亡，亦勾践为之。勾践因羞恶而起血性，犹草木加发药水，而生畅茂，迨药性一退，而凋残较速。有国者当图谋于久远，不可激烈于一时。图谋久远，奈何？血性为天下起是也。阐大地兴亡之端，开亿兆生灵之智，一破长睡不醒之大梦。勿忌人之强，而惟反己之何以弱，勿羡人之富，而惟审己之何以贫；勿怨人之奴隶我，而惟究我何以为奴隶之由；勿惧人之鞭笞我，而惟察我何以受鞭笞之故。扫弃粉饰，力图自强，敛血性以与各国相周旋，而谓犹不能保种以图久长，如勾践之忽兴忽亡者，吾不信也。勾践有灵，其亦闻予言而汗颜哉。

卜式论

　　河南卜氏式者，义士也，勇士也。曷为义？以其能散财而恤众也。曷为勇？以其能奋身以赴敌也。岳武穆曰：文官不爱钱，武官不惜死。此言可为卜式作一赞矣。试国家之贫，贫于贪人之积利，国家之弱，弱于庸将之偷生。如卜式者，可为贪人戒，庸将箴也。其初以田畜为事，分财及弟，蔼然敦骨肉之亲也。当夫匈奴扰汉，而式愿输财助边，隐然有报主之心也；曰自小牧羊，不习仕官，澹然无功名之念也；及其罢斥，复归田牧，嚣然有莘野之风也；以后出钱二十万，以给徙民，扩然充胞与之怀也；终则因吕嘉之反，而欲与子男，及临菑习弩，博昌习船，请行之以尽臣节。忠义之光，果敢之气，二千年后，犹照然在人间也。

　　予读《汉书·卜式传》，不禁怆怀时局，痛念生民，当今鸿嗷遍地，糊口多艰，而民则贫甚；海疆有事，括御无人，而国则弱甚。窃愿天下豪富之家，效卜式之义，以衣衣人，以食食人，而民有不安者哉？封疆之吏，效卜式之勇，肝胆如日月，志气壮山河，而敌有不惧者哉？由是而贫者转为富，弱者转为强，四海永猜，天下承平。斯人也，斯人也，则将馨香祝之矣。

读《汉书·游侠传》书后

呜呼！不士，不农，不工，不商，反乎君臣父子之常经，而甘作天地人民之巨蠹者，游侠是也。剧孟郭解之徒，其貌直而壮，其意险而毒，放纵而不自知，戕贼而不自悔，杀身以成名，在彼以为勇也，君子斥其矫；树党以结众，在彼以为义也，君子恶其贪；散财以周急，在彼以为恩也，君子病其私。游侠不戮，天下不平，庸愚之夫，可晓之以智，贪婪之辈，可教之以廉，畏懦之子，可励之以勇，拘执之士，可化之以文。此游侠者，人中之枭獍，至死而不变也。笼络乎民心，隐摄乎人情，必使天下之人，重其节操，慕其声名，信之从之，而后已。于是大之即钟釜之谋，小之有毁伤之事。夫古今之大患，莫患乎矫饰之心，游侠之为祸远哉。当思帝王之世，各安其分，各顺其情，为上克明，为下克忠，雍雍熙熙，同我太平，何容此游侠为哉。

游侠之风，起于战国，盛于前汉，一人倡之，百人和之，若魏之信陵，赵之平原，齐之孟尝，楚之春申，扼腕而游谈，所谓四豪者，实游侠中之罪魁也。班固作传为当世警，实为万世警。其间或贬或褒，而褒者无非寓贬意也，故曰背公死党之议成，守职奉上之义废，观其与佞幸并列，而游侠实开佞幸之先。

嗟呼！国运之衰，系乎风俗，风俗之敌，系乎人心，人心不古，而好为放荡之习，不守先王中正之理，此有心世道者，所当口诛而笔伐也。

山东出相山西出将论

人即物，物即人，人可以喻物，物可以喻人。晋石之出自山西也，石油之出自甘肃也，江豚油之出自四川也，此三者，易地而弗良。故神龙之出于大海也，而沟浍之中莫能容；猛虎之出于深山也，而培塿之上莫之见；至于人独无然乎？班孟坚之赞赵翁孙、辛子真曰：秦汉以来，山东出相，山西出将。此将相并言也。其所述白起、王翦诸人，皆为将之才，而独不言相者何也。盖以翁、孙子真皆山西人，故言将详而言相略。

今试以地势言之，地脉灵而将相所由出，亦地势异而将相所由分。山东之地，北连沧海，南走邳徐，东据海岱之雄，西控大梁之固，山川之秀气，毕钟于此。故曲阜而生大圣人也，摄相三月，鲁国大治，此万世良相之祖也。后闻风而起者，亦如水之流湿，火之就燥也，此相之所由出也。山西之地，西控关陕，东邻蓟幽，北牧代马之饶，南望巩洛之胜，表里山河，有俯挹中州之势，太原据西北，恃大同为藩篱，雁门、偏头、宁武三关为阨塞，夙称用武之地，此将之所由出也。国运之兴，系乎人才，人才之生，关乎地理，所云嵩生岳降者，古人岂欺我哉。

然有难之者曰：家相如周公，出于岐山之下，良相如太公，出于东海之滨，其流风遗韵，至秦汉而犹有存者，岂可据山东以言相，执山西以论将哉？曰：此盖天地之精华，偶然发泄，不若山东山西之出于自然也。况所云山东出相，非言山东以外绝无相也，山西出将，非言山西以外绝无将也。

然难之者又曰：秦汉之间，将相之多在山东、山西，至五代之衰，而山东之相，山西之将，寂寂无闻者何也？曰：非无将也，非无相也，有将相而不见用，故视若无将也，无相也。

嗟呼！今之中国，总计四万万之生灵，纵横七千里之舆地，其中岂无翘然特立，裕为相之猷，抱为将之略哉，是所望于用之者。

王业不偏安论

呜呼！天无私覆，地无私载，日月无私照，江河无私流。而谓王者与天地合德，与日月齐明，与江河同量，甘偏安以终其局哉？必将统夏华，结寰宇，包群有，罗万邦，声教布获，盈溢天区，仁风翔海表，威灵行鬼方，以奠成乎大业，斯岂山河半壁，风雨一隅，能联镳而齐驱乎？诸葛孔明撰《出师表》曰：先帝虑汉贼不两立，王业不偏安，故托臣以讨贼也。智哉言乎！千古建皇猷，承大统者，未有不浑一区宇，而能长治久安者也。

虽难者曰：长世字氓者，不以袭险为声，德洋恩溥者，不以开疆为事，域民不以封疆之界，固国不以山溪之险。尧都平阳，而恢廓乎中夏，禹都安邑，而溥化乎神州，盘庚贤主也，卒迁于殷，太王圣者也，避患于岐，就中国之大势而言，如亦偏于一隅耳，卒后化感无外，愈扩愈远，是则偏安者，谓非天地自然之运乎？曰此特论大地一统之世，非所论于列国并峙之世也。晋怀愍遭五胡之乱，遂偏安于江左，而王气衰矣；宋高宗被金人之逼，遂偏安于杭州，而王业微矣。之二者，与蜀之后主，殊途而同归，则诸葛一言，岂非合筹上下古今而发人猛省哉。惟汉高祖不偏安于陇右，而遂统一乎江东；惟光武不偏安于洛阳，而遂芟夷乎群冠。今后人思王业，推汉高祖复推光武，三代而下，不数数睹。盖惟祖业不可忘，王泽不可泯，虽以外方之众，异类之人，独思推戴以正徽号，而谓富有大业者，甘偏安以自囿耶！千古遭大难而忘恢复者，其即孔明所警戒也夫。

察罕论

义士者，气盖天下者也。天下有贼，义士忧之，非忧贼也，忧贼之害天下也。忧之不已，而愤之，愤之不已，而怒之，一怒而忠勇之气油然而生，勃然而发，流行充塞于天地之间，而不可遏。此察罕生元室之季，所以起义兵以破贼也。当时刘福通占踞颖州，贼焰大张，名公巨卿，束手无策，察罕独奋起义兵于草泽之间，为国家用，地复河南山东，战胜之功，不自矜伐，而惟以秉正嫉邪，忠于事元为心，非豪杰而能若是耶？

夫一代之才，必由一代之变以出之。蛟龙之起于风雨，盖因变而动也，人才之生于祸乱，亦因变而出也。自古迄今，如察罕之起义兵者，正复不少。即咸丰时发逆之乱，骚扰几二十年，陷审至十余省，而曾左诸公，同起义师，削平大难，是不妨兴察罕后先合传矣。然或谓曾左克全功，而察罕为田丰所伤，大业中止，元祚沦亡，似不可一例论。不知察罕得假天年，妥见不能荡平元室，扫尽妖氛，此所谓得失不足掩奇士，成败不足论英雄也。当今匪徒猖獗，患无已时，而苟有察罕其人者，吾亦将馨香祝之矣。

明季流贼剿抚得失议

贼可剿也，不可抚也，且未有忍心为贼而受抚者也。养虎于室，而谓不食人者非也，抚贼于国，而谓不作乱者，亦非也。抚之者，抚其为贼所掳者也，抚其为所诱者也。观于明季之流贼，而益恍然于剿抚之得失也。使李自成受戮于渭南之役，而何至有京师之陷；张献忠伏诛于文灿之手，而何至有谷城之叛。留一贼，即有一贼之祸，杀一贼，即少一贼之乱。治贼如治病，一人之身，外邪初入，则攻治犹易，若听其自然，邪遂不可灭，始则流于筋络矣，继则陷于脏腑矣，终则入于膏肓矣，外邪日逼，元气日伤，攻其邪而邪不可攻，调其气而气无可调，虽有良医，其如之何。贼之初起，一循吏制之而有余，贼之流行，数名将御之而不足。明季之时，非无人才，而贼势太盛，正不敌邪，是故周遇吉败于宁武，而战贼死矣，汪乔年溃于襄城，而为贼亡矣，猛如虎困于南阳，而被贼杀矣。嗟乎！谁为厉阶，而使明季之变如是其烈耶？吾必罪于抚陕西乔应甲，抚延绥之朱童蒙矣。之二人者，明季之祸魁，养成流贼之大恶者也。总之，贼首宜剿也，贼党宜抚也，所谓杀一以警百也。剿贼之法，莫如招降，如有杀贼首而来降者，即加以上赏，由是，贼心自离，贼势自散。唐李愬之平淮蔡，宋岳飞之平杨幺，类皆如此。乃明臣计不出此，而遂致明主有灭亡之惨，悲夫

132

问罗马为意大利所踞，教皇权势已去，而中国教祸反剧，其故何在？

　　窃谓杀人者刃也，而杀人之故不在刃也，借刃以行其暴也。药人者毒也，而药人之故不在毒也，借毒以肆其害也。煮中国祸 中国者教也，而彼所以蠹中国祸中国之故不在教也，借教以生其端，行其奸也。昔罗马之有教皇也，立天主之说，煽愚蚩之民，操各国君主废立之权。其势强，其力大，以为从其教即登天堂，不从其教即归地狱，而不计及于如何治国，如何教民。此较中国僧道之弊为尤甚，所谓收九州之铁而未足铸其罪者也。西人知其蠹民而病国也，于西历1870年，各国收回保护教皇之兵，而意国遂将教皇所辖之地，建为国都，尽夺教皇财产，而使教皇不得与闻国政。呜呼！此西人知教之为害，故存其名而不予其权者也，其轻之也实甚。而其设教于中国也，今日进一旅，询其故，则曰保某某教堂也；明日进一旅，询其故，又曰保某某教堂也。偶有事端，教士致祸，生灵为之屠戮，大员为之罢斥，而又偿以数十万或数百万之银，以餍教士之欲而后已。其于本国弃教如涂泥，于中国重教若珍宝者何哉？此真西人之狡谋诡计，借刃以杀中国，借毒以药中国，生所忧心疾首而不忍言者也。中国自甲午以后，台湾一割，而德占胶州，俄据旅大，英租威海，法踞广湾，半由教中生事，藉

133

以索地居多。即如去年之德据沂州，今年之英割九龙，亦藉口通商护教为名，乃一波未平，一波又起。近闻去因矿民闹教，而有窥伺蒙自之意。生恐自此以后，大局不堪设想，中国之教案日多一日，中国之土地日少一日，不知十年后成为若何世界者，生可痛哭流涕而长叹息者也！又其甚者，中国人心之坏亦由教端而起，无耻顽徒，忍心入教，横行不法，得教士以为庇护，或身犯重罪窜入教堂，以为抗官之具。此风一起，蔓延大地不可收拾，种种祸端，难以言状，此养痈二百余年而至今大溃者也。知西人之在中国设立教堂，非真重视其教，必欲行其教于中国，不过借行教以祸中国，以为索诈中国之具耳。亦犹杀人之故不在刃，借刃以杀人；药人之故不在毒，借毒以药人世。然则生中国之地，为中国之人，以为中国除害，当奈何而可？亦将法意国之法，遍告中国四万万民众，大声疾呼曰：以刃击刃，以毒攻毒！

《元代合参》序

六洲一地也，万亿恒行一天也。无彼无此，无内无外，无上无下，无廉无隅，无整无斜，无横无竖。孰为东西，以人臆之为东西；孰为南北，以人臆之为南北。沟万类而通之，针万端而定之，统无量景物，无量造化一贯之于太虚浑穆之中。自今以前之世界，其已知也；自今以后之世界，其未知也。以已知推未知，天地人物同出一源者也，而何古今之分，中外之划乎？《元代合参》沟古今，涵中外，合为一书，以基于浑也。胡生豫、沈生光烈演者题，余编次而删定之。二生于算学习精，习元代历有年，所嫉世之胶柱鼓瑟者，或轩中以轻西，或扬西以抑中，于元代之术，均未浑化，而岂知横直相间，正负定号，有万变化，无二原因乎。是书具迷津之宝筏，日照之棱镜也。余嘉二生之心，有合于浑然之理也，因作数语，以叙其端。光绪二十七年仲冬之月，山阴徐锡麟伯荪甫序。

《代数备旨全草》序

开一国之风气，则于学问之途有直接之关系焉。虽然，中国人于学问，其途狭隘，眇可言状，即如算学一门，学之者十不得一焉。谓无书足以研欤？坊家算书，汗牛充栋，浅探高下，悉听人之自择也。谓中国算书，向无习问，兼少题问，不得演练，以推理极欤？则中国近译算书，列习问、题问甚多，何患不能演练以推理极，是宜人人皆明算理矣。而算学之少，如此究系何故？问学深思得之：其在乡曲抱一古算书者，词简理赅，百思而不得其解，因此庋诸高阁者有之；即从事于近译诸书，问题未能融合，由疑难而生愤懑，辄亦中止；则有习问、题问而途稍舒，亦有习问、题问而途转隘。诸生学算有年，于算学中之曲折，均已明晰。特取主显而有用之代数，详解而剖释之，使阅《备旨》一编者始以演习，续以对证，由是而入算学之途不难矣。凡愿效力于学界者，必于其浅者而喻之。余嘉诸生之用心，专为多数人筹也，为志数语，以告之学算者。

光绪二十九年岁次癸卯夏日

中国商务宜如何振兴策

今中国人民四万万之众，物产二十六万种之多，不能振兴商务与泰西争衡者何哉？盖由中国商民之势散，散则不能兴；中国商民之力薄，力薄则不能振。然则振兴商务，必先固结商民之心，创设商务大局，颁行条数，遍告国中，实力奉行，则散者聚矣，薄者厚矣。外洋之漏卮可以塞矣，中国之利源可以充矣。否则有振兴之策，无振兴之人，商利不尽，为外人所夺不止。奈何！

奈何！今将振兴之策条陈于左：

（一）宜设公司以昭商信也。千万人合一心，一人有千万人之力也。一人一心，千万人如千万心，则千万人只一人之力也。以一人与千万人争，则千万人胜。今中国商务势散力薄，成则相争，败不相救。以视西人公司之坚信者，远不逮也。中国与西商争利，是犹一人争千万人也，虽有周公之富，陶朱之艺，未有立于不败之地者。今能奋然自新，合千万商民为一心，而谓商务之不振兴者，未之有也。

（二）宜广种道以培商本也。中国之利，茶丝为最，近年丝市日坏，茶市更甚，盖有外洋各自种植，而中国仍守旧如故。今宜推广其利，各省添植茶桑，以及一切获利之物。即如绍兴之田，多近水处，于田岸各植桑木树，田亦固属无碍，而蚕市可收其利也。

（三）宜减厘捐以开商路也。按中国出口货少，入口货多，其弊由出口之货，捐税太重，入口之货，捐税太轻。夫入口之货，中国不能操纵其权，而出口之货，中国固可自持其柄者也。今将厘捐减轻，则商民争趋外洋谋利，使出口之货与入口相抵，而中国之大局维矣。

（四）宜轻掉息以护商局也。闻泰西国债，以及商贾借款，利息大约不过三四厘，故筹集巨款可成大举，如开矿筑铁路等事。今中国掉息，近来有溢一分之数，借十万之款而出万余之息，借百万之款而出十余万之息。厂虽有利可兴，而商民安得不动辄偾事哉？则惟减轻利息，不使钱侩任意垄断，庶乎商民可以获利，市局不致大坏矣。

其条举四策，切实可行。不特该时而已，今则亦然。第不知负有责者，观乎此作何感想耶？

徐锡麟年谱

1873年　出生

12月17日出生在浙江省绍兴府山阴县东浦。

父凤鸣，母严氏。

1878年　5岁

春天，父亲在"桐映书屋"亲自教儿子读书。

1883年　10岁

经常和年龄差不多的平长生去看社戏。

1885年　12岁

出走钱塘，被家人找到。

1886年　13岁

学二十四史、九通。

1887年　14岁

用自制仪器观测星空。

1888年　15岁

5月，与王贞姑结婚。

1893年　20岁

5月，考取山阴县学附生。

1898年　25岁

春，创办柯桥小学。

1900年　27岁

夏天，在绍兴东浦兴办团练，响应义和团。

1901年　28岁

10月，被绍兴府学堂聘为经学兼算学教习。

1902年　29岁

3月，筹建明道女校。

1903年　30岁

2月，任绍兴府学堂副监督

3月，在绍兴开设特别书局

春天，与宗能述等共同创办越郡公学。

4月，在日本大阪观摩博展会。

6月，出资营救章炳麟。

10月，到杭州应乡试。

11月，考取副贡。

1904年　31岁

2月，东浦热诚学堂开学。

1905年　32岁

1月，在上海加入光复会。

4月，借银五千，在上海购买五十杆后膛九响枪，二万发子弹。

5月，在绍兴创立体育会。

6月，介绍秋瑾入光复会。

9月，大通学堂正式开学。

10月，在湖北拜访亲戚俞廉三，俞廉三原任湖南巡抚，写信把徐锡麟介绍给浙江抚满将军寒山。

12月，留学日本。

1906年　33岁

1月，抵达东京，因为近视不能进入军校。

回上海，谋划营救章太炎。

到湖北见俞廉三，到浙江见寿山，拜访袁世凯被拒。

回东京，想要进入陆军经理学校被拒。

8月，出山海关，游历辽东、吉林等地。

10月，回到绍兴。

12月，纳资拜命安徽候补道员。

1907年　34岁

2月，成为浙江旅皖公学校长。

3月，被任命为警官会办。

6月，派陈伯平、马宗汉到上海，购置起义用的枪支弹药。

7月6日，趁巡警学堂毕业典礼的机会发动起义。

7月7日，在安庆抚院门外前慷慨就义。